सारांश...

अलविदा यू. जी.

सारांश...

अलविदा यू.जी.

महेश भट्ट

अनुवाद

जगदम्बा प्रसाद दीक्षित

वाणी प्रकाशन

वाणी प्रकाशन
'लोगो' वाणी प्रकाशन : मक़बूल फ़िदा हुसेन

वाणी प्रकाशन, 4695, 21-ए, दरियागंज, नयी दिल्ली-110002
वाणी प्रकाशन, अशोक राजपथ (पटना कॉलेज के सामने), पटना (बिहार)

SARANSH...
Alvida U.G.

by Mahesh Bhatt

Translated by Jagdamba Prasad Dixit

Diary

ISBN : 978-93-5000-281-0

प्रथम संस्करण

मूल्य : 375/-

वाणी प्रकाशन
फोन : 0091#11#23273167, फोन व फैक्स 23275710

वेबसाइट : www.vaniprakashan.in

ई-मेल : vaniprakashan@gmail.com

आर.टेक ऑफसेट प्रिंटर्स द्वारा दिल्ली-110095 में मुद्रित

लेरी और सुज़न के लिए
जिन्होंने लम्बी काली रात में
साथ दिया
और पत्नी सोनी के लिए
जिसने उन भावनाओं को
शब्द देने में मदद की
जिन्हें सिर्फ़ हृदय सुन सकता है।

अनुक्रम

प्राक्कथन

22 मार्च 2007 की सुबह के सवा आठ बजे का समय। सुज़न ने अचानक चीख़ कर कहा, "हे भगवान् ...महेश...देखो कितनी सारी चींटियाँ ?" मैंने मुड़कर देखा...हज़ारों चींटियाँ...एक कतार में...सफ़ेद क़ालीन पर...सफ़ेद सोफ़े पर...यू.जी.के पथराये चेहरे पर...चारों तरफ़ फैली हुई हैं। यू.जी. की बायीं बाज़ू पूरी तरह काली हो गयी है। और पास जाकर हमने देखा कि यू.जी.के शान्त स्थिर शरीर पर जीवन के पूरे स्पंदन के साथ हज़ारों चींटियाँ चली जा रही हैं। मैंने लैरी को आवाज़ दी...कि वह आकर हमारी मदद करे। मुझे याद आया कि एक बार किसी ने यू.जी.से पूछा था कि चींटियाँ उनके कमरे में क्या कर रही हैं। यू.जी.ने जवाब दिया था, 'वे मेरे लिये आयी हैं।'

इस समय हमने छिड़कने की दवा का इस्तेमाल किया। बड़ी

मुश्किल से चींटियाँ वहाँ से गयीं। सुजन पिछले ही दिन वह प्रदूषण-मुक्त स्प्रे लायी थी। तब हमें मालूम नहीं था कि इतनी जल्दी इसकी ज़रूरत पड़ जाएगी...और वह भी...ऐसे अजीब कार्य के लिए। इसके बाद अपनी सारी डॉक्टरी विद्या का इस्तेमाल करते हुए सुज़न ने यू.जी.की चादर बदली। मैंने और लैरी ने उसका हाथ बँटाया। मेरे सामने सवाल था कि हम सबकी सारी देखभाल के बावजूद चींटियाँ आख़िर सीधे यू.जी.तक पहुँची कैसे? लैरी ने बताया कि कमरे के अंदर जब वह ध्यान कर रहा था तो चींटियों ने उसे भी परेशान किया था। शायद यह सच था कि व्यक्ति के पूरी तरह स्थिर होने पर चींटियाँ शरीर पर हलचल करने लगती थीं। मुझे यू.जी.का एक ब्रह्म कथन याद आ गया, 'इंसान जब तक इस सच्चाई को समझ नहीं लेता कि उसका अस्तित्व मच्छर या चींटी के अस्तित्व से अधिक कुछ नहीं है, तब तक उसकी मुक्ति नहीं हो सकती।''

मध्याह्न तक मैं बहुत बेचैन हो गया। छोटा सा फ्रिज रखा था। खोला तो पाया कि पूरा फ्रिज खाली पड़ा है। सिर्फ़ लियोनिडास चॉकलेटों का सुनहरे रंग का एक डिब्बा रखा है जिसमें चार चॉकलेट रह गये हैं। मैंने एक एक सुजन और लैरी को दिया। दोनों ने ले लिया। यू.जी.की तरफ़ मुड़कर मैंने कहा, 'हैप्पी डेथ टु यू.जी.।'' (मृत्यु-दिन सुखमय हो!) इसके बाद चॉकलेट मैंने मुँह में डाल लिये। खाते समय मुझे लगा कि यू.जी.का मृत्यु प्रकरण एक दारुण प्रहसन बन गया है और यू. जी.ने ख़ुद इस प्रहसन की रचना की है।

दोपहर को सुज़न ने अजीब सुझाव दिया। हम लोग थोड़ी देर के लिए कहीं बाहर चले जाएँ। हमारी अनुपस्थिति में यू.जी.का प्रयाण आसान हो जाएगा। दोपहर ढाई बजे तक लैरी और सुज़न बाहर बाग़ीचे में आ गये। आवाज़ देकर उन्होंने मुझे भी बुला लिया। चारों तरफ़ सब कुछ स्थिर और ख़ामोश था। दरवाज़े की

तरफ़ बढ़ते-बढ़ते मुड़कर मैंने यू.जी.की तरफ़ देखा। साफ़ था कि जीवित हैं और साँस ले रहे हैं। झुककर मैंने उनके पाँव छू लिये। इन पाँवों पर राख जैसी एक सूखी त्वचा फैली हुई थी। मेरे दिल की धड़कन जैसे मेरी उँगलियों में सिमट आयी थी। लेकिन उनके पाँवों की इन उँगलियों में कोई जान नहीं थी जिनके साथ मेरा गहरा सम्बन्ध रहा था। मैंने उनकी तरफ़ देखकर प्यार से कहा, 'यू.जी.! मैं बाहर जा रहा हूँ ताकि आप आसानी से जा सकें। मेरे लिये आपने बहुत कुछ किया है। हो सकता है...लौटने पर मैं आपको यहाँ न पाऊँ। इसलिए अभी कहता हूँ...आपको बहुत बहुत धन्यवाद।'' उस विस्फोटक ख़ामोशी के बीच मैंने महसूस किया कि किसी उदात्त अलौकिक रूप में मेरे शब्द उन तक पहुँच गये थे। अचानक मुड़कर मैंने उनके पाँवों को चूम लिया। अपनी सारी शक्ति लगाकर बाहर जाने की कोशिश की लेकिन नहीं जा सका। क्योंकि मैं 'मैं' हूँ । यू.जी. ऐसा कर सकते थे। वे चीज़ों और लोगों को छोड़कर इस तरह जा सकते थे कि घूमकर देखते भी नहीं थे। लेकिन मैं ऐसा नहीं कर पाता था। इसीलिए मैंने घूमकर उनकी तरफ़ देखा। वह पल गहराई के साथ मेरे अंदर उतर गया। समय के पूरे विस्तार में वह एकमात्र ऐसा पल था जो हमेशा मेरे साथ रहेगा...मुझे शक्ति देता रहेगा। एक अजीब अहसास था। मैं उनसे दूर जा रहा था, फिर भी लग रहा था कि उनके पास खड़ा हूँ । मेरे सेलफ़ोन से बीप की आवाज़ सुनाई दी। भतीजे विशेष ने एसएमएस भेजा था, 'यू.जी. को मेरी तरफ़ से धन्यवाद दीजिए। उनसे मिलना मेरी ज़िंदगी में कितना महत्त्वपूर्ण था, बताने के लिए मेरे पास शब्द नहीं हैं।'

दोपहर की सुनसान अलसायी घड़ियाँ थीं। सुज़न, लैरी और मैं...हम तीनों बैलेक्रोसिया के रास्तों पर निरुद्देश्य भटक रहे थे। एक डिपार्टमेंट स्टोर में दाख़िल हो गये। सोचने लगे कि हममें से किसी को क्या किसी सामान की

ज़रूरत है। बहुत जल्द स्पष्ट हो गया कि यह सिर्फ़ एक बहाना है, हम तीनों असल में उस विला से दूर रहना चाह रहे थे जहाँ यू.जी.पड़े थे। अब हम एक कॉफ़ी बार में चले गये और कैपेचिनो पीने लगे। कॉफ़ी बार ख़ाली पड़ा था। टेलीविज़न पर एक इतालवी धारावाहिक चल रहा था। सुज़न अंदर ही अंदर अपने को अपराधी मान रही थी क्योंकि यू.जी.को हमने अकेला छोड़ दिया था। मैंने उसे समझाया कि हमने सही काम किया है। हमने यू.जी.को मौक़ा दिया है कि वे शांति से जा सकें। सुज़न ने शायद थोड़ी राहत महसूस की।

हमने बहुत कोशिश की कि ज़्यादा से ज़्यादा समय बाहर बिताएँ लेकिन बिता नहीं सके और विला की ओर लौट पड़े। गेट के अंदर दाख़िल हो गये लेकिन विला के अंदर दाख़िल नहीं हुए। तीनों कोशिश कर रहे थे कि विला के अंदर दाख़िल होने की जल्दी न करें। मेरे सेलफ़ोन पर इस समय दोपहर के तीन बजकर आठ मिनट हुए थे। आख़िर लैरी ने फ़ैसला किया कि वह अंदर जाएगा और देखेगा कि स्थिति क्या है। अंदर चला गया और कुछ समय तक कोई आवाज़ नहीं आयी। सुज़न ने मेरी तरफ़ घूर कर देखा। इसी समय हमने लैरी की आवाज़ सुनी, 'उनकी साँसें बंद हो गयी हैं।' हम लोग अंदर दाख़िल हो गये। यह ज़ाहिर कर रहे थे कि सबकुछ सामान्य है, नियंत्रण में है। जैसा होना चाहिए था वैसा ही है। यू.जी. ठीक उसी स्थिति में थे जिसमें हमने उन्हें छोड़ा था। मेरे उस वरिष्ठ सहचर ने अपना वादा पूरा किया था। उन्होंने कहा था कि मैं आख़िरी व्यक्ति होऊँगा जिसे वे मरने से पहले देखेंगे। ऐसा ही हुआ भी।

उप्पलुरि गोपाल कृष्णमूर्ति

मैं 1948 में पैदा हुआ था। फ़िल्मकार पिता ब्राह्मण थे लेकिन माँ शिया मुस्लिम थीं। देश-विभाजन की भयावहता के बाद भारत अभी अभी आज़ाद हुआ था। मेरे माता-पिता एक 'अवैध' रिश्ते में बँधे मुंबई के शिवाजी पार्क के मध्यमवर्गीय हिंदू इलाक़े में रहते थे। शिवाजी पार्क में अक्सर सभाएँ होती थीं। धार्मिक और राजनीतिक नेताओं के भाषण होते थे जिनमें भारत की महानता का बखान होता था। भेदभाव के भय से मेरी माँ अपनी पहचान को चतुराई से छिपा कर रखती थीं, माथे पर बिंदी लगाती थीं और मंगलसूत्र पहनती थीं। हम सबको हिंदू नाम दिये गये थे। इतालवी मिशनरी अंग्रेज़ी माध्यम का एक स्कूल चलाते थे। मुझे पढ़ाई के लिए इसी स्कूल में भेजा गया था। इसी स्कूल

में ज़िंदगी के ग्यारह साल मैंने बरबाद किये, फ़ालतू की परीक्षाओं के लिए पढ़ाई की और उन बेकार के मूल्यों आदर्शों की शिक्षा प्राप्त की जो न तो मेरे जीवन में काम कर रहे थे और न ही मेरे शिक्षकों, पादरियों या मेरे माता-पिता के जीवन में। ये लोग मुझे ऐसा व्यक्ति बनाने की कोशिश कर रहे थे जो मैं नहीं था। जैसे-जैसे बड़ा होता जाता, मुझे लगता था कि मैं वह व्यक्ति नहीं हूँ जो बनना चाहता हूँ। बहुत एकाकी था। इस एकाकीपन को कम करने में मेरी सारी शक्तियाँ ख़र्च हो रही थीं। अकेलेपन ने और मेरे होरमेनों ने मुझे किशोरावस्था के रोमांस का शिकार बना दिया। बहुत जल्द मैं पिता बन गया। इसी दौर में मेरे फ़िल्मी जीवन की ऐसी शुरुआत हुई जो बरबादी की एक और कहानी है। अपनी असफलताओं और हताशाओं के दर्द और अपमान से भागने के लिए मैंने 1970 के दशक की उस संस्कृति का सहारा लिया जिसमें नशे के माध्यम से चरम ज्ञान और मुक्ति प्राप्त करने की लोग कोशिश करते हैं। मैं एल.एस.डी के रहस्यलोक की ऊँचाइयों को छू आया। फिर मैंने सेक्स गुरु ओशो का सहारा लिया। इसके बाद ग़ैरमसीहाई संप्रदाय के मसीहा जिद्दू कृष्णमूर्ति की शरण में गया। ज़िंदगी के कठोर सत्यों का सामना करने में असमर्थ मैं ज़िंदगी से भाग खड़ा हुआ जबकि असली खेल अभी शुरू भी नहीं हुआ था।

एक सुबह मैं ध्यानस्थ होने की कोशिश कर रहा था कि प्रताप करवत का फ़ोन आया। प्रताप बहुत ही मृदुभाषी और दबे हुए व्यक्ति हैं...कुछ-कुछ वूडी एलेन की तरह। एक फ़िल्म की शूटिंग के दौरान उनसे अकस्मात् मेरी मुलाक़ात हो गयी थी। जिद्दू कृष्णमूर्ति की नवीनतम पुस्तक 'बोध का उदय' (अवेकनिंग ऑफ इंटेलिजेंस) मेरे हाथों में थी। प्रताप पुस्तक पर एक नज़र डालना चाहते थे। हमने जिद्दू कृष्णमूर्ति और रजनीश की चर्चा की। बहुत ही सामान्य ढंग से प्रताप ने एक और कृष्णमूर्ति यानी यू.जी.कृष्णमूर्ति का ज़िक्र किया और बताया कि वे

हर साल भारत आते हैं लेकिन हमेशा गुमनाम रहते हैं। टेलीफ़ोन पर प्रताप ने पूछा, "यू.जी.इस समय यहाँ हैं। तुम कब मिलना चाहोगे?" मैंने जवाब दिया, 'अभी।' वह ऐसा दौर था जब मेरे पास कोई काम नहीं होता था, जेब बिल्कुल ख़ाली थी, करने के लिए कुछ नहीं होता था।

यू.जी.के साथ अपनी पहली मुलाक़ात मुझे आज भी पूरी तरह याद है। जब सीढ़ियाँ चढ़ रहा था, तंबाकू की बू चारों तरफ़ फैली थी, शहर का कोलाहल सुनाई दे रहा था और ज़ीने की चरमराहट की आवाज़ गूँज रही थी। ज़ीने के ऊपरी सिरे पर जैसे ही मैंने उन्हें खड़ा देखा, एक विस्फोटक सन्नाटा मेरे अंदर की गहराई में फैल गया। इस सन्नाटे के बीच मेरे दिल ने जैसे कोई आवाज़ सुनी। अपने जीवन के अधिकांश समय में मैं यह समझने की कोशिश करता रहा हूँ कि उस दिन मेरे दिल ने जो कुछ सुना, वह क्या था। हम लोग अंदर जाकर बैठ गये और मैं यू.जी.के कथन को ध्यान से सुनने लगा—

> "मैं कोई संत महात्मा नहीं हूँ। धूर्त पाखंडी कहलाना ज़्यादा पसंद करूँगा। ईश्वर की तलाश मनुष्य जीवन को आक्रांत किये हुए है क्योंकि मनुष्य चाहता है ऐसा सुख जिसके साथ दु:ख जुड़ा न हो। बहुत ही गड़बड़ पैदा करने वाली चीज़ है मस्तिष्क। इसने कई विनाशकारी चीज़ों का निर्माण किया है। सबसे ज़्यादा विनाशकारी चीज़ है ईश्वर। ईश्वर को चरम सुख की प्राप्ति के रूप में देखा जाता है। ईश्वर को कई-कई रूपों में पेश किया जाता है। आत्म साक्षात्कार की बात कही जाती है। मोक्ष, मुक्ति, कायांतरण का ढकोसला, पहली और आख़िरी स्वतंत्रता की बात, बीच की सारी स्वतंत्रताओं के उल्लेख... यह सब मनुष्य को दु:ख हताशा के गहरे गड्ढे में ढकेल रहा है। विकास-क्रम की किसी अवस्था में मनुष्य में पहली बार

अपने होने का अहसास जागा होगा। अन्य प्रजातियों में चेतना जिस तरह क्रियाशील रहती है, उससे यह बिल्कुल भिन्न था। चेतना के इसी विभाजन ने ईश्वर और इस परमाणु विज्ञान को जन्म दिया जो प्रकृति की बहुत ही सावधानी से रची गयी हर चीज़ के अस्तित्व के लिए ख़तरा पैदा कर रहा है। अन्य जीवों की तरह मनुष्य मात्र एक जीव है। उसकी प्रकृति में आध्यात्मिक कुछ भी नहीं है। संस्कृति द्वारा थोपे गये आपके सारे आदर्श, सिद्धांत, विश्वास, विचार और आध्यात्मिक मूल्य मात्र विकृतियाँ हैं। आपके अंदर की किसी चीज़ को उन्होंने छुआ नहीं है। धार्मिक मनुष्य की समर्पण भावना, धार्मिकता और आत्मा की आस्था का धर्म ने सदियों से फ़ायदा उठाया है। मनुष्य-जाति का भविष्य इस उपदेश में निहित नहीं है कि ''अपने पड़ोसी को भी उतना ही प्यार करो जितना अपने आपसे करते हो।' भविष्य इस सच्चाई में निहित है कि अगर पड़ोसी को मारने की कोशिश करोगे तो उसके साथ ही तुम भी ख़त्म हो जाओगे। ऐसा कब होगा, इसका अंदाज लगाया जा सकता है। दुनिया की कोई शक्ति, दुनिया का कोई ईश्वर, कोई अवतार इसे रोक नहीं सकता। मनुष्य का विनाश अटल है।''

रजनीश से परिचय के बाद वह पहला दिन था जब मैं समाधि नहीं लगा सका। यू.जी.कह रहे थे, मेरे कानों में गूँज रहा था, ''समाधि एक युद्ध है।'' बाहर निकलकर सड़कों, गलियों में भटकता रहा। बाद में सोने की कोशिश की तो सो नहीं सका। समझ में आ गया कि रजनीश के साथ के मेरे दिन ख़त्म हो रहे हैं। मेरे भगवान् की मेरे अंदर ही मौत हो रही है। मैं कुछ कर नहीं सकता था। जो ज़िंदगी बिता रहा था...जिस तरह का इंसान बन गया था...उससे मैं ऊब गया था। रजनीश के आश्रम में बिताये

हुए दिनों ने मेरे आत्मसुधार की दिशा में कोई योगदान नहीं दिया था। मेरी ज़िंदगी का एक अहसास ख़त्म हो रहा था।

मेरे इस परिवर्तन की ख़बर आश्रम में रजनीश के पास पहुँच गयी। अभिनेता विनोद खन्ना ने सचमुच चिंतित होकर कहा, "ऐसा क्यों किया महेश? भगवान् को मैंने इतना नाराज़ कभी नहीं देखा। वे चाहते हैं कि तुम ख़ुद आश्रम में आओ और अपने हाथों से माला उन्हें वापस कर दो। वे कहते हैं कि तुम पर वे काफ़ी मेहनत कर रहे हैं। अगर तुम वापस आकर ख़ुद अपने हाथों से माला उन्हें वापस नहीं करोगे तो वे तुम्हें बरबाद कर देंगे।" रजनीश ही वे व्यक्ति थे जो बिना शर्त अहेतुक प्रेम का उपदेश दिया करते थे और प्रेम में अधिकार के विरुद्ध थे। अब वे ख़ुद एक ठुकराये हुए प्रेमी की तरह व्यवहार कर रहे थे। सच तो यह था कि अब तक वे आधे अधूरे सत्यों की बड़े-बड़े शब्दों के पीछे छिपी खोखली धारणाओं की दुकानदारी कर रहे थे। इस समय यू. जी.के ये शब्द मेरे बड़े काम आये, "गुरु वह है जो तुमसे सारी बैसाखियाँ फेंक देने के लिए कहता है। वह तुमसे कहेगा कि बिना सहारे के चलो। अगर गिर जाओगे तो कहेगा कि तुम उठोगे और फिर चलना शुरू कर दोगे।" इन्हीं शब्दों ने मुझे अपने पैरों पर खड़ा कर दिया।

सन् 1977 और 1979 के बीच यू.जी. जब भी मुंबई से गुज़रे, मैं उनसे मिला। फ़िल्मों में मेरा संघर्ष अब भी चल रहा था। जीविका चलाने के लिए मैं विज्ञापन फ़िल्में बना रहा था। मेरी शादी हो चुकी थी और मैं एक प्यारी बच्ची का पिता बन चुका था। लेकिन प्रसिद्ध अभिनेत्री परवीन बाबी के साथ मेरा प्रेम सम्बन्ध चल रहा था। हल्के ढंग से कहा जाए तो मेरा व्यक्तिगत जीवन बहुत ही अस्त व्यस्त हो गया था।

रजनीश ने इस बात पर हमेशा ज़ोर दिया था कि प्यार बिना शर्त किया जाता है। लेकिन एक फ़िल्मी सितारे ने जब परवीन को

रूमानी संकेत दिये तो ग़ुस्से के मारे मुझे लगा कि उसकी हत्या कर दूँ और परवीन का गला घोंट दूँ। जलन के ख़िलाफ़ अपनी लड़ाई मैं हार चुका था। यह स्पष्ट हो गया था कि मेरे गुरु की शिक्षा का मेरे जीवन पर कोई असर नहीं हुआ था।

मैंने यू.जी.से पूछा, "क्या यह संभव है कि एक तरफ़ मैं सेक्स सम्बन्धों का आनंद लूँ यानी गर्लफ्रेंड को अपना साथी बनाऊँ, उसके साथ विचारों और मतों का आदान प्रदान करूँ, दूसरी तरफ़ जलन और ईर्ष्या जैसी चीज़ से मुक्त भी रहूँ ?"

यू.जी.का जवाब था, "जब कभी कोई तुम्हारी गर्लफ्रेंड की तरफ़ रूमानी इशारे करता है या तुम्हें बेवफ़ाई का शक होता है, तो जलन, नफ़रत, तकलीफ़...ये सब स्वाभाविक बातें हैं। उस आदमी या औरत को जान से मार डालने की तुम्हारी इच्छा बहुत स्वाभाविक और स्वस्थ है। अगर धार्मिक या अन्य किसी कारण से ऐसा नहीं होता है तो ज़रूर तुम्हारे अंदर कुछ ग़लत है। संस्कृति ने तुम्हें पाखंडी बना दिया है। बाज़ार का कोई विकृत संत महात्मा अगर तुमसे कहता है कि रास्ता और भी है, तुम सेक्स वग़ैरा सब कुछ करो फिर भी जलन ईर्ष्या से मुक्त रहो, तो वह तुम्हें बेवकूफ बना रहा है। जलन-ईर्ष्या से मुक्त होना है तो सेक्स से भी मुक्त होना होगा।"...यू.जी.से मुझे हताशा के अलावा कुछ नहीं मिला। जब भी मैं उनसे मिलने गया, मेरी मानसिक प्रक्रियाओं को उन्होंने उखाड़ फेंका। मैं एक ऐसी बंद गली के मुहाने पर पहुँच गया था कि जलन और हताशा से बाहर निकलने का कोई उपाय नहीं था। शायद एक ही उपाय था कि मैं कोई अवघड़ कृत्य कर डालूँ। रात के दो बजे थे। मैं शराब के नशे में धुत् था। यू.जी.के घर पहुँचकर मैंने घंटी बजायी। मैंने उनसे कहा, "मैं क्यों मिला आपसे? अपनी समस्याओं से छुटकारा पाने आया था लेकिन आपने मेरी तकलीफ़

को और बढ़ा दिया। मैं आपको मार डालना चाहता हूँ।''

यू.जी.ने कहा, ''महेश। पहले थोड़ा सो क्यों नहीं लेते? सोफ़ा है और कंबल है। मुझे मारना चाहते हो तो सुबह मार लेना। तब और लोग भी होंगे। इस काम को बाक़ायदा विधि के साथ पूरा कर लेना।''

कुछ ही मिनटों के बाद मैं उन्हें गुडनाइट कह रहा था। उनके हाथ को चूमकर मैंने कहा, ''मैं आपको प्यार करता हूँ यू.जी.।''

यू.जी.के साथ समय बिताना शुरू करने के बाद मैंने धीरे-धीरे यह महसूस करना शुरू किया कि उनकी स्पष्टवादी रुक्षता के पीछे वर्षों का अनुभव और ज्ञान नहीं है। कुछ ऐसा था जिसे समझाया नहीं जा सकता। एक अजीब सी स्वाभाविकता और शांति थी। उन सब लोगों में व्याप्त हो जाती थी जो उनसे मिलने आते थे। सवालों ने मुझे परेशान करना शुरू कर दिया। उनकी यह शांति आती कहाँ से थी? कैसे या किसके ज़रिये अपने अस्तित्व की इस 'अवस्था' को उन्होंने प्राप्त किया था? जीवन में क्या उन्होंने इसके लिए कोई तैयारी की थी?''

❑❑❑

उप्पलुरि गोपाल कृष्णमूर्ति का जन्म 9 जुलाई 1918 को दक्षिण भारत के छोटे से नगर मसुलीपतनम् में हुआ था। उनके जन्म के सात दिन बाद उनकी माँ की मृत्यु हो गयी। मरने से पहले माँ ने कहा था, ''बहुत ऊँचा भविष्य लेकर यह बच्चा पैदा हुआ है।'' नाना तुमलपल्लि गोपाल कृष्णमूर्ति एक संपन्न ब्राह्मण वकील थे। अपनी मरणासन्न पुत्री की भविष्यवाणी को उन्होंने गंभीरता से स्वीकार कर लिया। उन्होंने विश्वास कर लिया कि यू.जी.पूर्व जन्म के योगभ्रष्ट योगी थे अर्थात पिछले जन्म में परम ज्ञान प्राप्ति के बहुत ही समीप आ गये थे।

यू.जी.के नाना ने अपनी अच्छी ख़ासी वकालत इसलिए छोड़ दी ताकि वे इस बच्चे का लालन-पालन अच्छी तरह कर सकें। टी.जी.कृष्णमूर्ति थियोसोफ़ी की मुहिम में बहुत विश्वास रखते थे, लेकिन साथ ही ब्राह्मण धर्म का भी कट्टरता से पालन करते थे। इसीलिए दोनों परंपराओं के बीच पलकर यू.जी.बड़े हुए।

एक दिन ऐसा हुआ कि टी.जी.कृष्णमूर्ति जब ध्यान कर रहे थे, एक बच्चे ने रोना शुरू कर दिया। इससे उनका ध्यान भंग हो गया। नीचे आकर इस बच्चे की उन्होंने पिटाई कर दी। यू.जी.बेबस यह सब देख रहे थे। उस दिन उन्होंने महसूस किया कि ध्यान और समाधि का यह सारा कारोबार खोखला हो गया है। इस क्रिया के पक्ष में प्रवचन करने वाले लोगों का जीवन उन्हें खोखला और छिछला लगने लगा। ये लोग बड़ी महानता के साथ बोलते थे लेकिन उनका अपना जीवन भयग्रस्त था। उनके उपदेशों का उनके अपने जीवन में कोई स्थान नहीं था। यू.जी.के जीवन में जो द्वंद्व इस समय शुरू हो गया, वह उनके जीवन में उनचासवें वर्ष तक चलता रहा।

चौदह से इक्कीस साल की उम्र तक यू.जी.ने अनेक आध्यात्मिक अभ्यास किये। मोक्ष का सत्य जानने का दृढ़ संकल्प उनके मन में था, क्योंकि मानव-जाति के तमाम गुरुओं ने इस अवस्था के बारे में अंतहीन वक्तव्य दिये थे। यू.जी.को ऐसे व्यक्ति की तलाश थी जिसने खुद इस अवस्था का साक्षात्कार कर लिया हो। गरमियों के सात मौसम यू.जी.ने हिमालय में शिवानंद सरस्वती के सान्निध्य में बिताये। शिवानंद सरस्वती हिंदू धर्मगुरु थे और स्वनाम धन्य आध्यात्मिक 'सिद्ध पुरुष' माने जाते थे। यू.जी.ने शास्त्रीय योगविद्या का अध्ययन किया, तपस्या की, समाधि लगायी। यह सब उन्होंने ऋषिकेश की गुफाओं में किया। जीवन के मामूली से मामूली सुखों को भी उन्होंने

त्याग दिया। अपने शरीर के साथ उन्होंने अनेक प्रयोग किये। कई-कई दिनों तक उन्होंने अन्न और जल ग्रहण नहीं किया। अपने शरीर को सहन-शक्ति की आख़िरी सीमा तक पहुँचा दिया। एक बार तो घास खाकर ज़िंदा रहने की कोशिश की। इन दिनों उन्हें कुछ रहस्यात्मक अनुभूतियाँ जरूर हुईं, लेकिन वे आयीं और चली गयीं, अंतर्तम में किसी आध्यात्मिक गहराई को छू नहीं सकीं। एक दिन यू.जी.ने देखा कि उनके गुरु शिवानंद छिपकर अचार का आस्वादन कर रहे हैं। यू.जी.और अन्य शिष्यों के लिए अचार चखना मना था। यह पूरी तरह स्पष्ट हो गया कि उनके गुरु भी एक पाखंडी थे। यू.जी.ने वह स्थान छोड़ दिया। उन्हें इस बात का पूरा अहसास था कि उन्होंने सबकुछ किया, समाधि लगायी, तपस्या की, रहस्यात्मक अनुभूतियों की प्राप्ति की लेकिन अंततोगत्वा अन्य लोगों से वे जरा भी भिन्न नहीं हुए। उन्होंने पाया कि वे भी लोभ-लालच के द्वंद्व में फँसे हुए हैं। उनके अंदर हमेशा एक क्रोध बना रहता था। सेक्स भी एक समस्या थी। अपने इस जीवन काल के बारे में यू.जी.कहते हैं, 'इक्कीस साल की उम्र तक पहुँचते-पहुँचते मैं कट्टरता से इस निष्कर्ष पर पहुँच गया था कि जितने भी महान गुरु हुए हैं...बुद्ध, ईसा, श्री रामकृष्ण...सबने अपने आपको और अपने आसपास के तमाम लोगों को भ्रम में रखा था। इन लोगों ने शिक्षा दी थी कि क्रोध का त्याग करो। लेकिन मैं हर समय क्रोध में रहता था। ये लोग जो कुछ भी मुझे सिखा रहे थे, झूठ था और चूंकि यह झूठ था, यह मुझे भी झुठला रहा था। मैं झूठ की ज़िंदगी जीना नहीं चाहता था। अब मेरी ज़िंदगी में श्लोकों के लिए, धर्म के लिए, धर्मांतरण के लिए कोई जगह नहीं थी। इस सच्चाई को मैंने स्वीकार कर लिया था कि मैं एक वहशी हूँ, राक्षस हूँ। मेरा मन वासनाओं और कामनाओं में डूबा हुआ था। सारे आध्यात्मिक कारोबार

को मैंने हमेशा के लिए छुट्टी दे दी।

स्वामी रमण पादानंद यू.जी.के मित्र थे। उन्होंने सुझाव दिया कि यू.जी.को श्री रमण महर्षि से मिलना चाहिए। सभी लोग उन्हें प्रबुद्ध आत्मा के रूप में जानते थे। यू.जी.को महसूस हो गया कि जिसे समस्या का समाधान माना जा रहा है, वह खुद एक समस्या है। महर्षि से मिलने की बात को उन्होंने अस्वीकार कर दिया। लेकिन पादानंद ने ज़ोर दिया तो अनमने, अनिच्छुक और दुविधाग्रस्त यू.जी. अरुणाचल के महान् संत से मिलने के लिए तैयार हो गये। जब पहली बार यू.जी. रमण महर्षि से मिले तो महर्षि कॉमिक चित्रकथाएँ पढ़ रहे थे। यू.जी. को फ़ौरन समझ में आ गया कि यहाँ से कोई मदद मिलना संभव नहीं है। वे महर्षि के पास दो घंटे बैठे भगवान् को देखते रहे। भगवान् सब्ज़ियाँ काट रहे थे और कभी इस चीज़ के साथ तो कभी उस चीज़ के साथ खेल रहे थे। महर्षि के बारे में उन्होंने कई कहानियाँ सुन रखी थीं। सुन रखा था कि उनकी एक दृष्टि पड़ते ही मनुष्य एकदम परिवर्तित हो जाता है। यू.जी. को कोई ताज्जुब नहीं हुआ कि वे सारी कहानियाँ झूठी थीं।

यू.जी.ने उनसे पूछा, "क्या कोई ऐसी चीज़ है जिसे परम ज्ञान कहा जा सकता है?"

रमण महर्षि ने कहा, "हाँ, है।"

"क्या इसके कई स्तर हैं?"

महर्षि ने कहा, "नहीं। स्तर का विभाजन संभव नहीं है। एक ही सत्य है। या तो तुमने उसे पा लिया है, या नहीं पाया है।"

अंत में यू.जी.ने पूछा, "परम ज्ञान नाम की यह चीज़ क्या आप मुझे दे सकते हैं?"

रमण महर्षि ने कोई जवाब नहीं दिया। थोड़ा ठहरकर यू.जी.ने अपना सवाल दोहराया, "मैं आपसे पूछ रहा हूँ कि जो कुछ आपके

पास है, क्या आप मुझे दे सकते हैं?''

यू.जी.की आँखों में देखते हुए भगवान् ने कहा, ''मैं तो दे सकता हूँ, मगर क्या तुम उसे ले सकोगे?''

यू.जी.ने सोचा, ''कितना दंभ है।'' इससे पहले किसी ने भी ऐसी कोई बात यू.जी.से नहीं कही थी। सात साल तक वे अनेक साधनाओं और समाधि-प्रकारों को सिद्ध करने की कोशिश करते रहे थे। आत्मनिग्रह की 'यातनामय' प्रक्रिया से अपने को गुज़ारा था। यू.जी.को पक्का विश्वास था कि उस अवस्था को प्राप्त करने की योग्यता रखने वाला कोई व्यक्ति अगर है तो वे खुद ही हैं। लेकिन सारी शंकाओं ने अब उनके मन को घेर लिया। सवाल था कि यह 'अवस्था' आख़िर है क्या? ऐसी कौन सी चीज़ थी जो महर्षि ने प्राप्त कर ली थी। महर्षि भी यू.जी.की तरह ही मनुष्य थे, मनुष्य से उत्पन्न हुए थे। यू.जी.को कैसे विश्वास हो कि परम ज्ञान नाम की सचमुच कोई चीज़ है। उन्होंने महसूस किया कि ऐसा ज्ञान या बोध अगर है तो उन्हें ख़ुद ही उसे प्राप्त करना होगा। इसके बाद यू.जी.फिर कभी रमण महर्षि के पास नहीं गये। तिरुवन्नमलाई छोड़ने के बाद ही उनकी असली खोज शुरू हुई।

सन् 1940 के दशक में यू.जी.ने मद्रास विश्वविद्यालय की अपनी बी.ए.ऑनर्स की पढ़ाई छोड़ दी। कुछ और बेहतर करने को नहीं था, इसलिए थियोसोफ़िकल सोसाइटी के मुख्यालय में स्थित चार्ल्स वेबस्टर लीडवीटर के व्यक्तिगत पुस्तकालय में काम करना शुरू कर दिया। तीन महीने तक वहीं काम करने के बाद थियोसोफ़िकल सोसाइटी के तत्कालीन अध्यक्ष जार्ज सिडनी अंरुंडेल के प्रेस सचिव का काम सम्हाल लिया। पचीस वर्ष की आयु के आसपास यू.जी.ने महसूस किया कि काम या सेक्स के सम्बन्ध में वे अब भी किसी निष्कर्ष तक नहीं पहुँच सके हैं। अधिकांश धार्मिक शिक्षाएँ सेक्स को

त्यागने या दबाने का उपदेश देती हैं। परम्परावादियों की दृष्टि में सेक्स मोक्षमार्ग की बाधा है। यू.जी.ने सेक्स त्याग की बात पर भरोसा नहीं किया। वे सिर्फ यह देखना चाहते थे कि कुछ न करने पर सेक्स का आख़िर होता क्या है? धार्मिक ग्रंथों के अध्ययन से, समाधि लगाने से या संपूर्ण निवृत्ति से उन्हें किसी तरह का कोई लाभ नहीं हुआ था। शुरू के वर्षों में उन्हें जो कथित रहस्यात्मक अनुभूतियाँ हुई थीं, वे भी कामेच्छा से उन्हें मुक्ति नहीं दिला सकीं। अब उन्होंने सेक्स के साथ समझौता कर लिया और मान लिया कि शरीर की यह महज स्वाभाविक वृत्ति मिथ्या नहीं हो सकती। सन् 1943 में एक सुंदर ब्राह्मण कन्या से उन्होंने विवाह कर लिया। विवाह के अगले दिन ही उन्हें महसूस हो गया कि उनसे ग़लती हो गयी है।

थियोसोफ़िकल सोसाइटी के साथ यू.जी.का सम्बन्ध काफ़ी कंटकाकीर्ण था। सोसाइटी के भारतीय संभाग के वे संयुक्त सचिव थे लेकिन सोसाइटी के प्रति उनका रवैया हमेशा आलोचनापूर्ण रहा। वे अच्छे वक्ता थे, इसलिए उन्हें सोसाइटी का राष्ट्रीय व्याख्याता बना दिया गया। भारत और योरप में जगह-जगह घूम-घूमकर व्याख्यान दिये लेकिन इस काम में उनका मन नहीं था। मई 1953 में लंदन में उनकी मुलाक़ात कुप्पुमुल्लगे जिवराजदास से हुई। थियोसोफ़िकल सोसाइटी में वे उन्हीं के मातहत काम कर रहे थे। यू.जी.ने उनके सामने अपनी यह इच्छा व्यक्त की कि वे त्यागपत्र देना चाहते हैं। जिवराजदास ने इसका विरोध किया। उन्होंने कहा कि वे ख़ुद अमरीका जा रहे हैं। उनके लौटने तक यू.जी.को सोसाइटी में अपना काम जारी रखना चाहिए। लेकिन नियति को कुछ और ही मंज़ूर था। जिवराजदास की अमरीका में मृत्यु हो गयी। थियोसोफ़िकल सोसाइटी के लिए यू.जी.ने अपने व्याख्यान दौरे जारी रखे। और तब एक दिन ब्रुसेल्स में अघटित

घटित हो गया। यू.जी.जब व्याख्यान दे रहे थे तो उन्हें लगा कि अपने शेष जीवन में उधार के ज्ञान को बाँटने का काम वे नहीं कर सकते। कोई भी व्यक्ति पुस्तक पढ़कर सब जान सकता है जो वे अपने व्याख्यानों में बता रहे हैं। थियोसोफ़िकल सोसाइटी को उन्होंने अलविदा कह दिया।

1940 के दशक के बाद के वर्षों में यानी उन दिनों में जब थियोसोफ़िकल सोसाइटी के साथ यू.जी.के सम्बन्ध ख़त्म हो रहे थे, जे.के. कृष्णमूर्ति भारत आये। दूसरे विश्व युद्ध के बाद उन्होंने पहली बार व्याख्यान दिया। जे.के.थियोसोफ़ीवादियों में थे और ये लोग उन्हें बीसवीं सदी का गौतम बुद्ध मानते थे। सन् 1947 और 1953 के बीच यू.जी.बड़े ध्यान से जे.के. के व्याख्यान सुन रहे थे। सन् 1953 के बाद जे.के. के साथ यू.जी. के व्यक्तिगत सम्बन्ध भी हो गये। कई अवसरों पर दोनों के बीच लंबी चर्चाएँ होती थीं। इस दौरान जे.के. यू. जी. की पत्नी और बच्चों से भी मिले। यू.जी. के ज्येष्ठ पुत्र वसंत के स्वास्थ्य को लेकर जे.के.काफ़ी चिंतित थे क्योंकि वसंत पोलियोग्रस्त था। जे.के. के साथ अपने संपर्क के दौरान यू.जी.के मन में बार बार यही सवाल उठता था कि जे.के. जिन तमाम अमूर्तनों को प्रस्तुत करते थे उनके पीछे का सत्य आख़िर क्या था? जे.के.कृष्णमूर्ति जिस तरह चीज़ों का बखान करते थे उससे यह कहावत पूरी तरह चरितार्थ होती थी कि शक्कर को देखा तो है, पर कभी चखा नहीं। यू.जी.की स्थिति कुछ ऐसी थी कि अँधेरी कोठरी में एक ऐसी काली बिल्ली की तलाश कर रहे थे जो वहाँ थी ही नहीं। लेकिन जे.के. का कहना था कि बिल्ली निश्चित तौर पर वहाँ है। यू.जी.ने अनेक रूपों में अपना सवाल बार-बार पूछा, लेकिन कोई सीधा-सा संतोषजनक उत्तर उन्हें कभी नहीं मिला। यू.जी.अक्सर अपना आपा खो बैठते थे और जे.के. की कड़ी आलोचना करते थे, लेकिन जे.के .एक कुलीन पुरुष की तरह सदा

विनम्र बने रहते थे। दोनों के आपसी सम्बन्धों को गुरु शिष्य सम्बन्ध नहीं कहा जा सकता था लेकिन इस सच्चाई से इंकार नहीं किया जा सकता कि जे.के. कृष्णमूर्ति की शिक्षाओं ने यू.जी.पर बहुत प्रभाव डाला, हालाँकि मन में यू.जी. ने उन सभी शिक्षाओं को धीरे धीरे एक-एक कर तिलांजलि दे दी। दोनों के सम्बन्धों का अंत मुंबई में उस समय हुआ जब यू.जी. ने आख़िरी बार जे.के.से कहा कि, "साफ़-साफ़ बताइए कि आपके इन अमूर्तनों के पीछे कोई सत्य है या नहीं?"

ज़ोर देकर जे.के. ने कहा, "यह जानने का आपके पास कोई उपाय नहीं है सर।"

यू.जी. ने बिगड़कर कहा, "मेरे पास जानने का कोई उपाय नहीं है। आपके पास बताने का कोई उपाय नहीं है तो अब तक हम लोग क्या झख मार रहे थे? आपकी बातें सुनने में अपनी ज़िंदगी के सात साल मैंने बरबाद किये। कल मैं न्यूयार्क जा रहा हूँ ।"

जे.के .ने अपनी स्वभावगत विनम्रता क़ायम रखते हुए कहा, "आपकी यात्रा आनंदमय हो सर। आपकी लैंडिंग सुरक्षित हो।"

अमरीका में यू.जी.पाँच वर्ष रहे। इतने समय वहाँ इसलिए रहे क्योंकि उनके बेटे के पोलियो का इलाज चल रहा था। जे. कृष्णमूर्ति ने समय-समय पर उनसे संपर्क करने की कोशिश की क्योंकि यू.जी.के बेटे के इलाज की प्रगति के बारे में जानकारी हासिल करना चाहते थे। अमरीका में रहने का वह समय कई दृष्टियों से दिलचस्प था...खा़सतौर से सांस्कृतिक और राजनीतिक दृष्टि से। लेकिन यू.जी.के लिए अमरीका संधिकालीन शिविर की तरह था, एक ऐसी ज़मीन की तरह था जहाँ वे आगे की तैयारी कर रहे थे। इसके बाद उन्हें योरप में भटकने के दौर से गुज़रना था। अपने साथ जो पैसा यू.जी. अमरीका ले गये थे, वह बेटे के इलाज के ख़र्च के लिए काफ़ी था। घर का ख़र्च चलाने के लिए

उन्होंने वही किया जिसे करने में उन्हें दक्षता प्राप्त थी। उन्होंने व्याख्यान देने शुरू कर दिये। लेकिन योरप में भारत की तरह व्याख्यान नहीं होते थे। भारत में मुफ़्त में व्याख्यान दिये जाते हैं। लेकिन योरप में उन दिनों एक व्याख्यान के लिए यू.जी.को सौ डालर मिलते थे। फिर हुआ यह कि लगभग साठ व्याख्यान देने के बाद इस गंदे अर्थ व्यापार ने यू. जी.को पूरी तरह थका दिया। वे कुछ दु:खी हो गये। उनके व्याख्यानों की ज़बरदस्त माँग थी। पैसा भी अच्छा-ख़ासा मिल रहा था। इसके बावजूद व्याख्यानों के सारे प्रस्ताव उन्होंने यह कहकर ठुकरा दिये कि काम करने की उनके मन में कोई इच्छा नहीं है। परिवार के लिए पैसे कमाने की ज़िम्मेदारी अब पत्नी कुसुमा पर आ पड़ी। कुसुमा ने अंग्रेज़ी और संस्कृत दोनों में डिग्री प्राप्त कर रखी थी। वर्ल्ड लुक एनसाइक्लोपीडिया में उन्हें काम मिल गया। वे गर्भवती थीं और चौथे बच्चे की माँ बनने वाली थीं। इसके अलावा बेटे की देखभाल भी करनी पड़ती थी। अपनी दो बेटियाँ एक रिश्तेदार के पास वे भारत में छोड़ आयी थीं। बाहर जाकर काम करने के प्रस्ताव के लिए उनके मन में कोई उत्साह नहीं था। पर और कोई चारा भी नहीं था। प्रसव के समय उन्हें कुछ दिन की छुट्टी मिल गयी। इसके बाद काम पर जाना शुरू कर दिया। यू.जी. घर में रहकर शिशु की देखभाल करते थे। लेकिन कुछ समय बाद अघटित घटित हो गया। हताशा और परेशानी के कारण कुसुमा ने काम छोड़ दिया और अमरीका छोड़ने का निश्चय कर लिया। उनकी दो बेटियाँ भारत में उनकी बड़ी बहन के पास रह रही थीं। उन बेटियों को लेकर वे बहुत चिंतित थीं। इसके अलावा पति भी अब वे व्यक्ति नहीं थे, सत्रह साल पहले जिनके साथ उनका विवाह हुआ था। बिल्कुल बदल गये थे और अपने ही घर में अजनबियों की तरह रह रहे थे। सन् 1959 में कुसुमा ने अमरीका छोड़ दिया। पति को मनाने की बहुत कोशिश की

कि वे भी उनके साथ चलें, लेकिन वे नहीं माने। उन्होंने कुसुमा को दो टिकिट दिये। जो भी पैसा उनके पास था, सब कुसुमा को दे दिया। पत्नी के जाने के बाद यू.जी.को वर्ल्ड यूनीवर्सिटी में काम करने का प्रस्ताव मिला। अमरीका में अब तक उनकी यह ख्याति फैल चुकी थी कि वे न सिर्फ़ एक उत्कृष्ट वक्ता हैं, बल्कि बहुत सुलझे दिमाग़ के जानकार व्यक्ति हैं। चूंकि उन्होंने अमरीका में रहने का फ़ैसला कर लिया था, इसलिए काम के इस प्रस्ताव को स्वीकार करने के अलावा और कोई रास्ता नहीं था। मद्रास एक बार वे लौटे ताकि अड़यार के अपने सारे तामझाम को 'समेट' सकें। मद्रास में कुसुमा से उनकी भेंट हुई। अपने सभी बच्चों को लेकर वे उनसे मिलने आयी थीं। एक आशा थी कि यू.जी. शायद अपना निश्चय बदल दें। लेकिन ऐसा नहीं होना था। यू.जी.के साथ यह उनकी आख़िरी मुलाक़ात थी।

❑❑❑

सन् 1961 में यू.जी.लंदन में थे...बिल्कुल अकेले। पास में एक कौड़ी भी नहीं थी। उनके अनुसार, "कुछ भी करने की कोई इच्छा मेरे मन में नहीं थी। सूखे पत्ते की तरह था जिसे हवा यहाँ से वहाँ हर जगह उड़ा रही थी।" एक बार एक पुलिसवाले ने उन्हें हाइड पार्क से बाहर निकाल फेंका। उस समय उनकी जेब में सिर्फ़ पाँच पेंस थे। जाने के लिए एक ही जगह बची थी...रामकृष्ण मिशन। रात के दस बजे वे वहाँ पहुँचे। वे स्वामीजी से मिलना चाहते थे, लेकिन मिशन के सदस्यों ने कहा कि इतनी रात को वे उनसे नहीं मिल सकते। सौभाग्य ने कुछ ऐसा साथ दिया कि स्वामीजी ख़ुद वहाँ आ गये। यू.जी.ने उनके सामने

अख़बारों की कतरनों का वह सारा संग्रह पेश कर दिया जिसमें यू.जी. और उनके व्याख्यानों के बारे में कुछ भी छपा था। उन्होंने कहा, ''मैं पहले यह था, लेकिन आज मैं ऐसा हो गया हूँ।'' स्वामीजी ने पूछा, ''क्या चाहते हो?'' यू.जी.ने कहा कि वे रात समाधि कक्ष में बिताने की अनुमति चाहते हैं। स्वामीजी ने समझाया कि मिशन की नीतियों के यह विरुद्ध था। स्वामीजी ने इतना किया कि यू.जी.को कुछ पैसा दे दिया और अगले दिन कमरा देने का वादा कर लिया।

अगले दिन मध्यान्ह को यू.जी. आश्रम में पहुँच गये। उन्हें भोजन ग्रहण करने के लिए कहा गया। यू.जी.के अनुसार, ''लंबे समय बाद पहली बार मैंने पूरा खाना खाया। कुछ भी खाने की भूख ही मेरे अंदर ख़त्म हो चुकी थी। कुछ ऐसा था कि मैं भूल ही गया था...भूख क्या होती है...प्यास क्या होती है।'' स्वामीजी ने कहा कि उन्हें एक ऐसे व्यक्ति की तलाश है जो भारतीय दर्शन से अच्छी तरह परिचित हो ताकि वे विवेकानंद जन्म शताब्दी अंक निकाल सकें। शताब्दी अंक पर काम करते समय यू.जी.को अन्य स्वामियों की तरह पाँच पाउंड दिये जाते थे। आश्रम में समाधि लगाने वालों की मूर्खता का यू.जी.अक्सर कौतुक करते थे। वे ख़ुद इस सब से गुज़र चुके थे। तब एक दिन समाधि कक्ष में उन्हें एक बहुत ही विचित्र अनुभव हुआ। उन्हीं के शब्दों में—

> ''मैं वहाँ निष्क्रिय बैठा हुआ था, समाधि लगाने वालों को ताक रहा था और उन पर तरस खा रहा था। मैं सोच रहा था कि ये लोग समाधि लगाते हैं। समाधि में आख़िर जाना क्यों चाहते हैं? उन्हें कुछ भी प्राप्त नहीं होगा। मैं इन सब चीज़ों से गुज़र चुका हूँ। वे लोग अपने आप को बहला रहे हैं। मैं वहाँ बैठा था और मेरा दिमाग़ खाली था...बिल्कुल कोरा था। तथा कुछ

अजीब सा महसूस हुआ। मुझे अपने शरीर के अंदर एक हलचल सी महसूस हुई। लिंग के पास से जैसे कोई ऊर्जा ऊपर उठ रही थी, सिर की तरफ़ जा रही थी और सिर में जैसे कोई छेद था जिसमें से होकर वह बाहर निकल रही थी। पहले घड़ी की दिशा में चक्राकार घूमती थी, फिर घड़ी की उलटी दिशा में घूमने लगती थी। मेरे लिये यह मज़ेदार सा अनुभव था। किसी भी चीज़ से इसको जोड़कर मैं देख नहीं सकता था। मैं जैसे पूरा का पूरा ख़त्म हो गया था। कोई और था जो मुझे खाना खिला रहा था, मेरी देखभाल कर रहा था। आने वाले कल की कोई चिंता नहीं थी। मेरे अंदर कुछ घटित हो रहा था।''

तीन महीने बाद स्वामीजी से यू.जी.ने कहा, ''मैं जा रहा हूँ । यह सब नहीं कर सकता।'' लंदन के रामकृष्ण मिशन को जब यू.जी. ने छोड़ा तो स्वामीजी ने उन्हें पचास पाउंड दिये।

एक मित्र के माध्यम से जिद्दू कृष्णमूर्ति को समाचार मिल गया कि यू.जी.किस तरह यहाँ वहाँ भटक रहे हैं। यह सही है कि जे.के. को ठुकराकर यू.जी.चले गये थे, फिर भी जे.के.यू.जी.और उनके परिवार की बराबर खोज ख़बर रखते रहे। लेकिन यू.जी.उनसे मिलने के लिए ज़रा भी उत्सुक नहीं थे। अगले ही दिन जे.के. ने यू.जी.को फ़ोन किया और कहा, ''आप यहाँ आ सकते हैं। हम लोग रिचमंड पार्क में टहलने चलेंगे। वहीं सारी बातें कर लेंगे।'' उस शाम यू.जी.जब वहाँ गये तो ज़ोरों की बारिश शुरू हो गयी। टहलने का कार्यक्रम रद्द हो गया। उसकी जगह वहीं अंदर अलाव-स्थान (फ़ायर प्लेस) के पास बैठकर उन्होंने बातचीत शुरू कर दी। अचानक जे.के .कृष्णमूर्ति ने पूछा, ''आख़िर आप परिवार से अलग रहने की कोशिश क्यों कर रहे हैं?'' यू.जी.ने उनकी तरफ़ देखा। स्पष्ट था कि यू.जी.के अंदर गहराई

में जो कुछ घटित हो रहा था, उसकी जे.के .को कोई समझ नहीं थी। यू.जी.ने कहा, ''परिवार से अलग रहने की कोशिश नहीं कर रहा हूँ। आप मुझे नहीं समझ सकते।'' जे.के. ने ज़ोर देकर कहा, ''चलिये। हम विषय पर इस तरह बात करते हैं कि आप अपने परिवार से जुड़े हुए क्यों नहीं हैं सर?'' यू.जी. के लिए यह बहुत ज़्यादा हो रहा था। यू. जी.ने कहा, ''माफ़ कीजिए। अपने पारिवारिक मामलों की चर्चा करने मैं यहाँ नहीं आया हूँ। आपसे कोई मदद माँगने भी नहीं आया हूँ।'' जे.के.कृष्णमूर्ति के साथ यू.जी.की यह आख़िरी मुलाक़ात थी।

सन् 1961 दिसम्बर की 30 तारीख़ को यू.जी.ने अपनी पत्नी को पत्र लिखकर इस रिश्ते को हमेशा के लिए ख़त्म कर दिया। पत्र इस प्रकार है—

''वापस लौटने पर आज मुझे तुम्हारा 11 सितंबर, 1961 का पत्र मिला। बहुत साफ़ है कि तुम्हारी आँखें खोलने में और स्थिति की सचाई तुम्हें समझाने में मुझे कोई सफलता नहीं मिली है। समय समय पर तुम आत्महत्या की कोशिश करती हो, यह जानकर मुझे तकलीफ़ होती है। लेकिन ठोस सत्य यह है कि मैं तुमसे अलग हो गया हूँ और तुम्हारे सारे कृत्यों को चुपचाप स्वीकार कर रहा हूँ। मेरे अंदर वितृष्णा का लेश मात्र भी नहीं है। सिर्फ़ इतना है कि पारिवारिक बंधन से मैं दूर चला गया हूँ।

''इस मामले पर मैंने काफ़ी गहराई से लम्बे समय तक विचार किया है। तुम जानती हो कि मैं इस तरह का व्यक्ति नहीं हूँ जिसे इन मामलों में मनाया जा सके। अचानक उत्तेजना में कोई काम नहीं करना। इस विवाह को यहीं ख़त्म हो जाने दो। एक-दूसरे के दर्द को हम दोनों बरदाश्त नहीं कर सकते। अतीत की यादों से जुड़कर जीवन बिताना ठीक होगा। मैं जानता हूँ कि बहुत

गहराई से तुम मुझे प्यार करती हो। तमाम कलह और बार बार होने वाले झगड़ों के बावजूद मैंने भी तुम्हें बहुत प्यार किया है। लेकिन तुम अगर इस एहसास के साथ जियोगी कि तुम्हारे 'पंख कट गये हैं' तो पूरी तरह बरबाद हो जाओगी। मात्र भावनाओं को अपने जीवन का आधार नहीं बना सकती। किसी भी वैवाहिक जीवन का यह आधार हो भी नहीं सकता।

''अठारह वर्षों से हम एक-दूसरे को जानते हैं। अठारह वर्षों के इस बंधन को भूलना असंभव है। पुरानी आदतें और यादें एक अजीब तरीक़े से अपने को ज़िंदा रखती हैं। मैं तुम्हें कभी भूल नहीं सकता। मेरी भावनाओं की जिस गहराई में तुम मौजूद हो, कोई और चीज़ उसकी बराबरी कभी नहीं कर सकती। हम दोनों जब पहली बार मिले थे, मैंने तुम्हें बहुत ज़्यादा पसंद किया था। मेरी वह भावना हमेशा क़ायम रहेगी। उसके बाद जो कुछ भी हुआ है, उसे बदल नहीं सकता।

''ऐसा क्यों है कि तुम्हारे लिए जो बिल्कुल स्पष्ट और साफ़ है, संसार की सारी इच्छा शक्ति लगा देने के बावजूद मैं उसे समझ नहीं सकता? ख़ैर, जैसा कुछ भी है, चीज़ें जिस तरह हो रही हैं, मैं उन्हें उसी तरह होने दूँगा। अतीत में लौटने की कोशिश नहीं करूँगा। चूंकि हमें वही मिलता है जो हम माँगते हैं, ज़रा भी कम या ज़्यादा नहीं, इसलिए जो कुछ हुआ उसके लिए मेरे पश्चात्ताप करने का कोई सवाल ही नहीं उठता। हर व्यक्ति अपनी नियति ख़ुद गढ़ता है। भाग्य के क्रूर हाथों से हमारे बच्चों को अगर कोई कष्ट पहुँचता है तो मुझे लगता है कि इसके लिए मैं अकेला ज़िम्मेदार नहीं हूँ। वे तुम्हारी भी उतनी ही संतान हैं, जितनी मेरी। यह विचार अपने मन पर

हावी मत होने दो कि मैंने तुम्हें निराश्रित छोड़ दिया है। तुम्हारा अपना नाम है। तुम्हारी अपनी डिग्रियाँ हैं, संपत्ति है। मैंने ऐसा व्यवहार क्यों किया, क्यों अब भी कर रहा हूँ, समझना मुश्किल है। लेकिन मेरे कृत्यों को अगर मेरी अपनी विशिष्ट व्याख्याओं का आईना दिखाया जाए, तो पता चलेगा उनका अपना तर्क है। जितना कुछ मैं जानता हूँ उसके मुताबिक़ जीवन तर्क के सहारे नहीं चलता है। सही या ग़लत, स्थिति की तकलीफ़ को तर्क बदल नहीं सकता। घटना-चक्र को बदलने के लिए मैं कुछ नहीं कर सकता।

"एक और विचार है। समस्या को टालकर उसे हल नहीं किया जा सकता। दु:खद वैवाहिक जीवन से बाहर निकलने का एक और रास्ता है। जब एक साथी बंधन के नियमों को तोड़ देता है तो दूसरे को यह अधिकार मिल जाता है कि वह उस रिश्ते को ख़त्म कर दे। स्त्री पति की बंधक दासी नहीं है, उसकी संगिनी है। पति की बराबरी की हक़दार होने के कारण उसे अधिकार है कि अपने जीवन का रास्ता वह ख़ुद चुन ले। नया हिंदू कोड विधेयक तलाक़ का विधान करता है। तलाक़ या कानूनी अलगाव के लिए तुम्हारे पास पर्याप्त अधिकार हैं। इससे हम दोनों मानसिक यातना से बच जाएँगे। पल भर के लिए भी यह मत समझना कि मैं तुमसे ऐसा कुछ करने को कह रहा हूँ जो मैं ख़ुद नहीं कर सकता। लेकिन व्यक्तिगत रूप से इस या उस चीज़ का कोई मतलब नहीं है। मैं भारत लौटूँ, इसका कोई कारण नहीं है। तुम सुखी रहो। तुम्हारे लिये सर्वोत्तम और सर्वश्रेष्ठ की कामना करता हूँ।

—यू.जी."

कुसुमा ने फिर कभी यू.जी.से संपर्क नहीं किया। सन् 1963 में

उनकी मृत्यु हो गयी। किसी को मालूम नहीं था कि उस समय यू.जी. कहाँ थे। यू.जी.के एक चचेरे भाई इंग्लैंड में रहते थे। यू.जी.के लंदन निवासी एक मित्र को उन्होंने सूचित किया कि यू.जी.की पत्नी की मृत्यु हो गयी है। मित्र को भी नहीं मालूम था कि यू.जी.कहाँ हैं। कई महीने बाद यू.जी.जब मित्र से मिलने गये तो मित्र ने वह पत्र यू.जी.को दिया। मित्र ने यू.जी.से पूछा, "पत्र में क्या लिखा है?" यू.जी.ने जवाब दिया, "छह महीने पहले मेरी पत्नी की मृत्यु हो गयी।" अपने बच्चों को पत्र लिखकर उन्होंने अपनी संवेदना व्यक्त की। उनकी सबसे छोटी बेटी ने उन्हें सूचित किया कि अंतिम दिनों में कुसुमा गहरी हताशा और मानसिक यंत्रणा से ग्रस्त हो गयी थीं। उन्हें अस्पताल में भरती करना पड़ा। बिजली के झटके देकर उनका इलाज किया गया। इस इलाज के कुछ ही सप्ताह बाद अस्पताल से उन्हें छुट्टी मिल गयी थी। इसके बाद एक दुर्घटना में उनकी गर्दन क्षतिग्रस्त हो गयी और उनकी मृत्यु हो गयी।

यू.जी.को जब भी ऐसा लगा कि जीवन के पुराने ढंग की तरफ़ लौट रहे हैं, उन्होंने वह जगह छोड़ दी और तुरंत अगली यात्रा पर रवाना हो गये। थोड़ा समय उन्होंने पेरिस में बिताया, उसके बाद जिनीवा चले गये। वहाँ उनका सारा पैसा ख़त्म हो गया। वे भारतीय वाणिज्य दूतावास में पहुँच गये। वाणिज्य दूतावास में उनकी भेंट वैलेंटाइन डी केरेवन से हुई। वे वहाँ अनुवादक का काम करती थीं। वे और यू.जी.बहुत जल्द घनिष्ठ मित्र हो गये। वैलेंटाइन ने यू.जी.के लिए स्विट्ज़रलैंड में एक घर बना दिया। उन्होंने यू.जी.की पूरी देखभाल की। लेकिन उन्हें ज़रा भी पता नहीं था कि आगे क्या होने वाला है।

मैडम वैलेंटाइन डी केरेवन अपनी तरह की एक विशिष्ट महिला थीं। सन् 1901 में स्विट्ज़रलैंड में उनका जन्म हुआ था। उनके पिता एक मस्तिष्क सर्जन थे। अठारह साल की उम्र में वैलेंटाइन स्विट्ज़रलैंड

छोड़कर पेरिस चली गयीं ताकि एक स्वतंत्र जीवन बिता सकें। कलाकारों और लेखकों के एक ग्रुप में वे शामिल थीं। फ़ोटोग्राफ़ी और आधुनिक चित्रकला में उनकी ख़ास दिलचस्पी थी। एक प्रयोगधर्मी नाटक ग्रुप की वे सक्रिय सदस्य थीं। खुलेआम वे अपने एक पुरुष मित्र के साथ रहती थीं। उन दिनों इसे सामाजिक अपराध माना जाता था। सहारा रेगिस्तान को मोटरसाइकिल पर पार करने वाले ये दोनों पहले व्यक्ति थे। जिप्सियों के जीवन पर उन्होंने एक डॉक्यूमेंटरी फ़िल्म बनायी और फ्रांस की पहली फ़िल्म निर्माता बन गयीं। अपने पिता की चिकित्सा शोधों पर भी उन्होंने डॉक्यूमेंटरी फ़िल्में बनायीं। स्पेन में फ्रेंको और फ़ासिज़्म के ख़िलाफ़ युद्ध में हिस्सा लेने की भी उन्होंने कोशिश की लेकिन सफल नहीं हुईं। सन् 1950 के दशक में उन्होंने कार पर स्विट्ज़रलैंड से भारत तक की यात्रा की। उसके बाद तो उन्होंने इस तरह की कई भारत-यात्राएँ कीं। यू.जी.कृष्णमूर्ति और वैलेंटाइन डी केरेवन बिना मंज़िल के सहयात्री तब तक बने रहे जब तक वैलेंटाइन की मृत्यु नहीं हो गयी।

सन् 1953 की बात है। यू.जी.आल्प्स की साजेन घाटी से गुज़र रहे थे कि उनके अंदर किसी ने कहा, "ट्रेन से उतर जाओ और कुछ समय यहाँ बिताओ।" यू.जी.ने ठीक वैसा ही किया। जिस समय वे वहाँ थे, उन्होंने अपने आपसे कहा, "यही वह जगह है जहाँ अपना शेष जीवन मुझे बिताना चाहिए।" उस समय उनके पास काफ़ी पैसा था, लेकिन उनकी पत्नी को वहाँ रहना मंज़ूर नहीं था। तब से साजेन में रहने का उनका सपना अधूरा था। अब अचानक अनायास वह सपना पूरा हो गया। वैलेंटाइन ने यू.जी.के लिए साजेन में एक घर तैयार कर दिया। एक दिन जे.के .कृष्णमूर्ति साजेन में आये। अब हर साल गरमियों में वे साजेन में सभाएँ करने और भाषण देने लगे। उस

दौर में यू.जी.की न तो जे.कृष्णमूर्ति में और न ही किसी और चीज़ में दिलचस्पी थी। किसी चीज़ की कोई तलाश नहीं थी, कुछ पाने की कोई इच्छा नहीं थी। फिर भी ऐसा लग रहा था जैसे उनमें अजीब सा कुछ घटित हो रहा है।

इस दौर को वे अपना 'गर्भावस्था काल' (इनक्युबेशन पीरियड) कहते हैं। इस समय उनके अंदर तरह तरह की चीज़ें हो रही थीं। सिर दर्द लगातार बना रहता था और 'मस्तिष्क में तीव्र पीड़ा' होती रहती थी। बड़ी मात्रा में एस्पिरिन खाते थे ताकि आराम आये, लेकिन कोई फ़ायदा नहीं होता था। एक दिन वैलेंटाइन ने उनसे कहा, "एस्पिरिन और कॉफ़ी पर तुम कितना पैसा ख़र्च कर रहे हो, मालूम है? रोज़ पंद्रह कप कॉफ़ी पी जाते हो। इस पर कितना पैसा ख़र्च होता है, तुम्हें पता नहीं। तीन चार सौ फ्रैंक हर महीने चले जाते हैं। क्या मतलब है इसका?" इन दिनों यू.जी.को जो सिरदर्द होता था, उसकी तीव्रता वे किसी को समझा नहीं सकते थे। वे कहते हैं, "तरह तरह की अजीब चीज़ें मुझे हो रही थीं। मुझे याद है, जब मैं अपने शरीर को रगड़ता था तो एक चमक सी पैदा होती थी। फास्फ़रस जैसी चमक। अपने बिस्तर में मैं जब-जब करवट बदलता था, प्रकाश की एक चिनगारी निकलती थी। अजीब मज़ेदार बात थी। यह बिजली थी, इसलिए मैं कहता हूँ कि मेरा शरीर विद्युत चुम्बकीय क्षेत्र बन गया था। पहले तो मुझे लगा कि मेरे नायलॉन के कपड़ों और स्थिर विद्युत के कारण ऐसा हो रहा है। मैंने नायलॉन पहनना बंद कर दिया। शुरू से ही इन चीज़ों के प्रति मैं पूरी तरह शंकालु रहा हूँ, सिर से पाँव तक। मैंने ऐसी किसी चीज़ पर कभी कोई विश्वास नहीं किया। कोई चमत्कार ठीक मेरी आँखों के सामने घटित हो जाए तब भी मैं उसे स्वीकार नहीं करता था। मुझे कभी इस बात का एहसास तक नहीं हुआ कि मेरे अपने अंदर ऐसा ही कुछ हो रहा है।" चूंकि सारा 'आध्यात्मिक कारोबार' उनके अंदर से

ख़त्म हो गया था, इसलिए अपने अंदर घटित होने वाली क्रियाओं को उन्होंने 'मुक्ति' या 'मोक्ष' से जोड़कर देखने की कोई कोशिश नहीं की। लेकिन यह भी सही है कि इस सबके बावजूद उनके दिमाग़ के किसी कोने में मोक्ष और परम ज्ञान का प्रश्न हमेशा बना रहा।

सन् 1967 के अप्रैल महीने में यू.जी. वैलेंटाइन के साथ पेरिस गये हुए थे। उस समय वहाँ जे.कृष्णमूर्ति के व्याख्यान हो रहे थे। कुछ दोस्तों ने सलाह दी कि यू.जी. को अपने पुराने मित्र जे.के.से मिलना चाहिए। वैलेंटाइन ने अब तक जे.कृष्णमूर्ति का व्याख्यान नहीं सुना था। इसलिए यू.जी. ने सोचा कि वहाँ जाना चाहिए। वहाँ पहुँचने पर पता चला कि अंदर जाने के लिए दो फ्रैंक का प्रवेश शुल्क देना होता है। इसके लिए यू.जी.तैयार नहीं थे। उन्होंने कहा, "चलो, कुछ बेवक़ूफ़ी की हरकत करते हैं, कसीनो द पेरिस में चलते हैं।" वहाँ प्रवेश शुल्क बीस फ्रैंक था, फिर भी वे वहाँ गये। कसीनो के अंदर नृत्य देखते समय यू.जी.को अजीब तरह की अनुभूति हुई।

"कुछ समझ में नहीं आ रहा था कि कौन नाच रहा है? मंच पर नर्तकी नाच रही है या मैं ख़ुद नाच रहा हूँ ? मेरे अंदर एक अजीब सी हलचल हो रही थी। कहीं कोई विभाजन नहीं था। नाचने और नाच देखने वाले का फ़र्क़ ख़त्म हो गया था, कोई नहीं था जो नाच देख रहा हो।" जब तक वे थियेटर के बाहर नहीं आ गये, यह अनुभूति चलती रही। इसने यू.जी.को उलझन में डाल दिया। इसके बाद अगले हफ़्ते उन्होंने एक स्वप्न देखा। स्वप्न में एक नाग ने उन्हें डस लिया था और तुरंत उनकी मृत्यु हो गयी थी। उनके मृत शरीर को बाँस की अरथी से बाँधकर श्मशान ले जाया गया था और चिता पर रख दिया गया था। चिता की आग की अनुभूति ने उन्हें जगा दिया और झटके से उठ बैठे। उन्होंने पाया कि उनका बिजली वाला केबल 'हाई' पर

लगा हुआ था। आगे चलकर उनकी जो 'मृत्यु' हुई, यह स्वप्न उसकी भूमिका बन गया था।

जुलाई में यू.जी.का जीवन एक और दौर से गुज़रने लगा। इस प्रश्न में ज़बरदस्त तीव्रता थी कि 'आख़िर वह अवस्था क्या है जिसे मोक्ष या परम ज्ञान कहा जाता है?' प्रश्न में तीव्रता तो थी लेकिन कोई भावनात्मक अतिरेक नहीं था। प्रश्न का उत्तर पाने की उन्होंने जितनी ज़्यादा कोशिश की, जितना ज़्यादा विपुल रहे, प्रश्न की तीव्रता उतनी ही ज़्यादा बढ़ती गयी। जे.कृष्णमूर्ति उस साल फिर साजेन आकर व्याख्यान देने लगे। यू.जी. के दोस्त एक दिन उन्हें एक व्याख्यान में घसीट ले गये। यू.जी. जब जे.के. का व्याख्यान सुन रहे थे तो उन्हें लगा कि जे.के. अपनी ख़ुद की अवस्था का आख्यान करने के बजाय यू.जी.की अवस्था का आख्यान कर रहे हैं। यू.जी. ने अपने आपसे सवाल पूछा, "आख़िर क्यों मैं उनकी अवस्था के बारे में जानना चाहता हूँ ?" जे.के.'गतिशीलता', 'चेतना' और 'नि:शब्दता' का वर्णन कर रहे थे। वे कह रहे थे, "उस नि:शब्दता में चित्र का तिरोभाव हो जाता है, बच रहती है केवल क्रिया।" यू.जी.ने अपने आपसे कहा, "मैं तो ख़ुद इस अवस्था में हूँ। पिछले तीस चालीस साल से मैं क्या कर रहा हूँ ? तमाम लोगों की बातें सुन रहा हूँ और संघर्ष कर रहा हूँ, जाने की कोशिश कर रहा हूँ कि इनकी 'अवस्था' या 'स्थिति' क्या है? किसी और की, बुद्ध या ईसा की 'अवस्था' क्या है? मैं ख़ुद उस 'अवस्था' में स्थित हूँ । मैं खुद स्थित हूँ ।" यू.जी.उस तम्बू से बाहर निकल आये। जे.कृष्णमूर्ति के तम्बू से बाहर निकलने के अगले दिन अपने उनचासवें जन्मदिन पर यू.जी.एक पेड़ के नीचे बैठे थे। सामने थीं साजेन भूमि की सात पहाड़ियाँ और घाटियाँ। उनके अपने शब्दों में — "मैं वहाँ बैठा था। मेरा सारा अस्तित्व मेरे लिये प्रश्न चिन्ह बना

हुआ था : मुझे कैसे मालूम हो कि मैं उस 'अवस्था' में हूँ ? मैंने अपने आप से कहा, मेरे अंदर एक अजीब सा विभाजन है। अंदर कोई है जो जानता है कि मैं इस 'अवस्था' में हूँ। इस 'अवस्था' का बोध क्या है? जो कुछ भी अब तक मैंने पढ़ा है, अनुभव किया है या जिसकी इन लोगों ने चर्चा की है, यह ज्ञान या बोध ही उस 'अवस्था' को देख रहा है। यानी वह ज्ञान ही उस 'अवस्था' को प्रक्षेपित कर रहा है। मैंने अपने आपसे कहा, ए भाई, चालीस सालों में तुम एक क़दम भी आगे नहीं बढ़े हो। तुम अब भी पहले वाले चौख़ाने में सीमित हो। तुमने जब भी यह प्रश्न पूछा, इसी ज्ञान ने तुम्हारे चित्र को वहाँ प्रक्षेपित किया। तुम उसी स्थिति में हो, वही प्रश्न पूछ रहे हो। 'मुझे ख़ुद कैसे मालूम है?' इसलिए कि इनका ज्ञान तुम्हारे अंदर भर दिया गया है, इन लोगों ने 'अवस्था' का वर्णन किया है, इस वर्णन ने इस 'अवस्था' को तुम्हारे अंदर पैदा कर दिया है। तुम अपने आपको बेवक़ूफ़ बना रहे हो। तुम बहुत बड़े मूर्ख हो। परंतु यह अजीब एहसास अब भी बना रहा कि यही वह 'अवस्था' है।''

इस दूसरे प्रश्न का यू.जी.के पास कोई उत्तर नहीं था कि यही 'अवस्था' है, पर मुझे कैसे मालूम है? यह प्रश्न जैसे पानी की भँवर में फँसा चक्कर काट रहा था। अनेक बार इसने चक्कर लगाये और तब अचानक ग़ायब हो गया।

यू.जी. के अनुसार, ''प्रश्न ग़ायब हो गया। यह सारा मामला ही मेरे लिये ख़त्म हो गया। यही अंतिम स्थिति थी। इसके बाद मैंने अपने आपसे कभी नहीं कहा कि अब मेरे पास उन सभी प्रश्नों के उत्तर हैं। मेरे मूलभूत प्रश्न का तिरोहित हो जाना, इस बात का पता लगा लेना था कि इसका कोई उत्तर नहीं है, यह एक शरीरगत परिघटना-क्रम था।'' यू.जी.के अनुसार, ''मेरे अंदर अचानक एक 'विस्फोट' हुआ

था जिसने मेरे शरीर की हर कोशिका, हर नाड़ी और हर ग्रंथि को धमाके से उड़ा दिया था। और इस 'विस्फ़ोट' के साथ यह भ्रम भी ख़त्म हो गया है कि विचार का तारतम्य है, कोई एक केंद्र है, एक 'मैं' है जो विचारों को जोड़ता है।'' इस 'अवस्था' के बारे में यू.जी. आगे कहते हैं—

''जब विचार जुड़ नहीं सकता। इसका जुड़ाव टूट जाता है। एक बार टूट गया तो यह ख़त्म हो जाता है। तब ऐसा नहीं होता कि सिर्फ़ एक बार विचार का विस्फोट हो। जब भी एक विचार आता है, विस्फोट होता है। जब यह तारतम्य ख़त्म हो जाता है, विचार अपनी स्वाभाविक लय को प्राप्त हो जाता है।

''उस समय के बाद किसी भी तरह का कोई प्रश्न मेरे मन में नहीं है क्योंकि प्रश्न अब वहाँ ठहर ही नहीं सकते। जो प्रश्न अब रह जाते हैं, बड़े सीधे-सादे होते हैं जैसे 'मैं हैदराबाद कैसे जाऊँ?' यानी वे प्रश्न ही रह जाते हैं जो इस दुनिया में क्रियाशील रहने के लिए ज़रूरी होते हैं। इन प्रश्नों के लोगों के पास उत्तर होते हैं। लेकिन उन ('आध्यात्मिक' या 'आधिभौतिक') प्रश्नों के लिए किसी के पास कोई उत्तर नहीं होता। यानी अब प्रश्न रह ही नहीं जाते हैं।

''इसलिए मैं कहता हूँ कि जब यह 'विस्फोट' होता है ('विस्फोट' शब्द का इस्तेमाल मैं इसलिए करता हूँ क्येंकि यह होता ही है परमाणु विस्फोट की तरह), तो परमाणु विस्फोट की तरह अपने पीछे क्रिया-प्रतिक्रिया की एक पूरी श्रृंखला छोड़ देता है। पूरे शरीर को छिन्न-भिन्न कर देता है। यह कोई आसान चीज़ नहीं है। यह है मनुष्य का अंत। विनाश की यह क्रिया शरीर की हर कोशिका, हर नाड़ी को उड़ा डालती है। उस क्षण की भयानक यंत्रणा से मैं गुज़रा हूँ । ऐसा नहीं होता है कि आप

'विस्फोट' का अनुभव करें। आप 'विस्फोट' का अनुभव कर नहीं सकते, केवल बाद के परिणामों का अनुभव कर सकते हैं। 'विस्फोट' का परिणाम वह होता है कि आपके शरीर की सारी रासायनिकता बदल जाती है।

"मैं यह सब कह सकता हूँ क्योंकि जब तक रासायनिकता में संपूर्ण परिवर्तन नहीं होता, इन इंद्रियों को विचार से, विचार के तारतम्य या सातत्य से, मुक्ति नहीं मिल सकती। चूंकि विचारों का सातत्य ख़त्म हो जाता है, आप बहुत आसानी से कह सकते हैं कि कुछ घटित ज़रूर हो गया हे, लेकिन सचमुच क्या घटित हुआ है, उसे अनुभव करने का मेरे पास कोई तरीक़ा नहीं है।

"मैं सचमुच नहीं जानता कि मुझे क्या हो गया है। मैं जो कुछ बता सक रहा हूँ वह मात्र यह है कि मैं किस तरह क्रियाशील हूँ। आप जिस तरह क्रियाशील हैं और मैं जिस तरह क्रियाशील हूँ, दोनों के बीच कुछ फ़र्क़ लगता है ज़रूर, लेकिन बुनियादी तौर पर दोनों के बीच कोई फ़र्क़ हो नहीं सकता। आपके और मेरे बीच कोई फ़र्क़ आख़िर हो कैसे सकता है? लेकिन जिस तरह से हम अपने आपको अभिव्यक्त करते हैं उसमें फ़र्क़ प्रतीत ज़रूर होता है। यह फ़र्क़ क्या है, इसी को समझने की मैं कोशिश कर रहा हूँ।"

यू.जी. ने देखा कि 'विस्फोट' के बाद के सप्ताह में उनकी ज्ञानेंद्रियों की क्रियाओं में कुछ बुनियादी परिवर्तन हो रहे हैं। आख़िरी दिन उनका शरीर 'शारीरिक मृत्यु' की प्रक्रिया से गुज़र गया। जो परिवर्तन हुआ था, उसने स्थायी रूप ग्रहण कर लिया।

लगातार सात दिनों तक हर दिन एक नया परिवर्तन घटित होता था। यू.जी.ने देखा कि उनकी त्वचा बहुत ज़्यादा मुलायम हो गयी है।

पलक झपकाने की क्रिया थम गयी है तथा स्वाद, गंध और श्रवण की संवेदनाएँ बिल्कुल बदल गयी हैं।

पहले दिन उन्होंने अनुभव किया कि उनकी त्वचा रेशम की तरह मुलायम और चिकनी हो गयी है। उसमें एक सुनहरी चमक भी पैदा हो गयी है। उनके अनुसार, ''मैं दाढ़ी बना रहा था। हर बार जब मैंने दाढ़ी बनाने की कोशिश की, रेज़र फिसल गया। मैंने ब्लेड बदल दिये, मगर कोई फ़ायदा नहीं हुआ। अपने चेहरे को मैंने छूकर देखा। स्पर्श बिल्कुल अलग था।'' यू.जी.ने इन बातों को कोई महत्त्व नहीं दिया। बस तटस्थ भाव से यह सब देखते रहे।

दूसरे दिन पहली बार उन्हें इस बात का भान हुआ कि उनका चित्त उस स्थिति में था जिसे वे 'बंधन-मुक्त स्थिति' कहते हैं। वे उस समय ऊपर किचन में थे जब वैलेंटाइन ने टमाटर का सूप बनाया था। सूप की तरफ़ देखने के बाद उन्हें समझ में नहीं आया कि यह क्या है। वैलेंटाइन ने बताया कि यह टमाटर का सूप है। थोड़ा चखने के बाद उनकी समझ में आ गया कि यह टमाटर का सूप है। सूप पीने के बाद वे फिर पहले की मन:स्थिति में आ गये। बल्कि कहना चाहिए कि वह 'चित्तविहीन' स्थिति थी। उन्होंने वैलेंटाइन से फिर पूछा 'यह क्या है?' वैलेंटाइन ने फिर बताया कि यह टमाटर का सूप है। उन्होंने फिर उसे पिया और भूल गये कि वह क्या था। 'कुछ समय तक मैं इस स्थिति से खिलवाड़ करता रहा। 'बंधन-मुक्त स्थिति' मेरे लिये एक अजीब मनोरंजक चीज़ बन गयी।'

वह 'अवस्था' यू.जी.के लिए अब सामान्य बन गयी। लोग जब अकेले होते हैं तो वे कल्पना-लोक में विचरण करने लगते हैं, चिंताग्रस्त हो जाते हैं, अवधारणाएँ बनाने की क्रिया में लीन हो जाते हैं और भी कई तरह की चिंतन प्रक्रियाओं से ग्रस्त हो जाते हैं, लेकिन यू.जी.के

साथ ऐसा कुछ नहीं हो रहा था। उनका चित्त तभी क्रियाशील होता था जब ज़रूरत पड़ती थी, जैसे अगर किसी व्यक्ति ने कोई प्रश्न पूछा हो या उन्हें किसी चीज़ को ठीक करना हो। जब ज़रूरत नहीं होती थी तब कोई चित्त या मन या विचार होता ही नहीं था, मात्र जीवन होता था। तीसरे दिन यू.जी.के कुछ मित्रों ने उनके यहाँ डिनर करने का इरादा कर लिया। यू.जी.खाना पकाने के लिए तैयार हो गये। उनके अनुसार, 'लेकिन कुछ ऐसा हो गया कि मैं ठीक तरह से न तो सूंघ रहा था, न स्वाद ही ले पा रहा था। धीरे-धीरे मैंने महसूस कर लिया कि दोनों संवेदनाओं का रूपांतरण हो गया है। जब भी कोई गंध मेरे नासिका-रंध्रों में प्रवेश करती थी, अपने उसी रूप में मेरे प्राण केंद्रों को उत्तेजित करती थी। यह उत्तेजना एक-सी होती थी, चाहे वह किसी महँगे इत्र से आयी हो या गोबर के किसी ढेर से। इसके अलावा मैं जब भी किसी खाद्य पदार्थ को चखता था तो मुख्य पदार्थ का स्वाद ही पहले मिलता था, इस्तेमाल की गयी बाक़ी चीज़ों का स्वाद बाद में मिलता था। इसके बाद ख़ुशबूदार इत्रों का और मसालेदार खाद्य पदार्थों का मेरे लिये कोई मतलब नहीं रह गया। मात्र मुख्य मसाले या मिर्च, या और जो भी कुछ हो, का स्वाद ही मुझे मिलता था।' —चौथे दिन उनकी आँखों को कुछ हो गया। यू.जी.और मित्रगण ग्स्ताद के रियाल्टो रेस्टॉरेंट में बैठे हुए थे। यही वह जगह थी जहाँ यू.जी.को एक ज़बरदस्त क़िस्म की 'विरूप दृष्टि' (विस्टा विज़न) का एहसास हुआ, जैसे वे किसी 'अंत:स्फुटित' दर्पण (कॉनकेव मिरर) में कुछ देख रहे हों।

उनके अनुसार—"मेरी तरफ़ आने वाली चीज़ें मेरे अंदर प्रवेश कर रही थीं। मुझसे दूर जाने वाली चीज़ों के बारे में लगता था कि मेरे अंदर से निकल कर वे बाहर जा रही हैं। एक अजीब पहेली थी। मेरी आँखें जैसे एक विशालकाय कैमरा बन गयी थीं जो मेरे कुछ किये

बग़ैर लगातार फ़ोकस बदल रही थीं। अब तो मैं इस पहेली का आदी हो गया हूँ। अब मैं जो भी देखता हूँ, इसी तरह देखता हूँ। जब तुम मुझे कार से कहीं ले जाते हो तो एक कैमरामैन की तरह मैं यहाँ वहाँ झूलता रहता हूँ। विपरीत दिशा में जाने वाली गाड़ियाँ मेरे अंदर चली जाती हैं और पास से गुज़रकर आगे जाने वाली गाड़ियाँ मेरे अंदर से बाहर जाती हैं। मेरी निगाहें जब किसी चीज़ पर जमती हैं पूरी एकाग्रता के साथ, कैमरे की तरह।''

उस दिन यू.जी.जब रेस्टॉरेंट से लौटे तो उन्होंने आईने में देखा। उस समय उन्हें लगा कि उनकी आँखें कुछ अजीब क़िस्म की हो गयी हैं। वे 'स्थिर' हो गयी हैं। काफ़ी समय तक जब वे आईने में देखते रहे तो उन्होंने पाया कि उनकी पलकें झपक नहीं रही हैं। वे लगातार आईने में निहारते रहे। लगभग पैंतालीस मिनट हो गये लेकिन उनकी पलक नहीं झपकी। पाँचवें दिन यू.जी.ने महसूस किया कि उनकी श्रवण क्रिया में भी परिवर्तन हो गया है। जब भी कुत्ते के भौंकने की आवाज़ सुनी, उन्हें लगा कि भौंकने की आवाज़ उनके अंदर से आ रही है। सारी आवाज़ें अंदर से आती लग रही थीं, बाहर से नहीं।

पाँच दिनों के अंदर पाँचों ज्ञानेंद्रियाँ परिवर्तित हो गयीं। छठे दिन यू.जी.सोफ़े पर लेटे हुए थे। वैलेंटाइन किचन में थी। यू.जी.के अनुसार—''अचानक मेरा शरीर ग़ायब हो गया। अब वहाँ कोई शरीर नहीं था। मैंने अपने हाथ की तरफ़ देखा। उसकी तरफ़ देखकर मैंने अपने आपसे कहा, 'क्या यह मेरा हाथ है?' वास्तविक प्रश्न कोई नहीं था, लेकिन सारी स्थिति ही प्रश्न की तरह बन गयी थी। मैंने अपने शरीर को स्पर्श करना चाहा। वहाँ कुछ नहीं था। मुझे महसूस ही नहीं हुआ कि स्पर्श के सिवा, स्पर्श के बिंदु के सिवा, वहाँ कुछ है। तब मैंने वैलेंटाइन को बुलाया और पूछा था, 'इस सोफ़े पर क्या तुम मेरे

शरीर को देख रही हो? मेरे अंदर की कोई चीज़ नहीं कहती कि यह मेरा शरीर है।' उन्होंने छूकर कहा, 'यह तुम्हारा शरीर ही है।' लेकिन इस आश्वासन के बावजूद मुझे कोई राहत या संतुष्टि नहीं मिली। मैंने अपने आपसे कहा, 'अजीब दिलचस्प चीज़ है। मेरा शरीर है ही नहीं।' मेरा शरीर चला गया था, फिर वापस नहीं आया।''

उस समय के बाद से ऐसा हो गया कि शरीर के नाम पर यू.जी.के पास संपर्क या संस्पर्श के बिंदु मात्र रह गये और कुछ नहीं। उनके अनुसार दृश्य ज्ञान, स्पर्श ज्ञान से बिल्कुल अलग हो गया। अपने ही शरीर की संपूर्ण धारणा उनके लिए संभव नहीं रही, क्योंकि स्पर्श ज्ञान के न होने पर उससे संबंधित अन्य बिंदु उनकी चेतना में मौजूद नहीं थे।

और आख़िर में सातवें दिन उसी सोफ़े पर लेटे हुए यू.जी. विश्राम कर रहे थे और उसी 'धुरीविहीन मुक्तावस्था' का आनंद ले रहे थे। वैलेंटाइन अंदर आती थी तो वे पहचान लेते थे कि वह वैलेंटाइन है। वह कमरे से बाहर चली जाती थी तो सब कुछ सपाट और कोरा हो जाता था। कोई वैलेंटाइन नहीं होती थी। वे सोचने लगते थे, 'आख़िर यह है क्या? वैलेंटाइन कैसी दिखती है, इसकी मैं कल्पना तक नहीं कर सकता।' किचन से आने वाली आवाज़ों को सुनकर वे अपने आपसे पूछते थे, 'मेरे अंदर से क्या ये आवाज़ें आ रही हैं?' उन आवाज़ों को वे पहचान नहीं पाते थे। उनके सामने स्पष्ट हो गया था कि उनकी सारी संवेदनाओं के पीछे कोई ऐसी यंत्र-व्यवस्था नहीं है जो उनमें समन्वय स्थापित कर सके। समन्वय स्थापित करने वाला वहाँ कोई नहीं था। यू.जी.के शब्दों में—

''मैंने महसूस किया कि मेरे अंदर कुछ घटित हो रहा है। शरीर के अलग-अलग हिस्सों से प्रवाहित होकर जीवन-ऊर्जा एक केंद्रबिंदु की तरफ़ खिंच रही थी।'' मैंने अपने आपसे कहा, 'तुम अब अपने

जीवन के अंत को प्राप्त हो रहे हो। तुम मरने जा रहे हो।' तब वैलेंटाइन को बुलाकर मैंने कहा, "मैं मर रहा हूँ वैलेंटाइन। इस शरीर का तुम्हें कुछ करना होगा। डॉक्टरों को सौंप देना। वे इसका कुछ उपयोग कर लेंगे। जलाने या गाड़ने में मेरा विश्वास नहीं है। तुम्हारी अपनी भलाई इसी में है कि इस मृत शरीर का कुछ बंदोबस्त कर दो। एक दिन तो यह सड़ने लगेगा। तो क्यों न इसे किसी को दे दो।" वैलेंटाइन ने जवाब दिया, "तुम एक विद्रोही हो। स्विटज़रलैंड की सरकार तुम्हारा शरीर स्वीकार नहीं करेगी। इसके बारे में तो तुम भूल ही जाओ।"

इस समय उनकी जीवन-शक्ति की भयानक गति एक केंद्र बिंदु पर आ गयी थी। वैलेंटाइन का बिस्तर ख़ाली पड़ा था। यू.जी. उनके बिस्तर पर जाकर लेट गये और मरने के लिए तैयार हो गये। जो कुछ हो रहा था, वैलेंटाइन उसकी उपेक्षा कर रही थीं। वे वहाँ से चली गयीं। जाने से पहले उन्होंने कहा, "एक दिन कहते हो कि यह चीज़ बदल गयी है, दूसरे दिन कहते हो कि वह चीज़ बदल गयी है, तीसरे दिन कहते हो कि कोई और चीज़ बदल गयी है। यह सब है क्या? और अब तुम कह रहे हो कि तुम मरने जा रहे हो। मगर तुम बिल्कुल ठीक हो—चुस्त और तंदुरुस्त।"

"फिर एक ऐसी स्थिति आयी जब लगा कि कैमरे का रंध्र (एपरचर) अपने आपको बंद करने की कोशिश कर रहा है। यही एक उपमा है जो मुझे सूझ रही है। जिस ढंग से मैं चीज़ों का वर्णन कर रहा हूँ वह उस ढंग से बिल्कुल अलग हैं जिसमें वे चीज़ें घटित हुईं, क्योंकि चीज़ों को समझने वाला वहाँ कोई था ही नहीं। अंदाज़ यही है कि वह सब मेरे अनुभव का हिस्सा रहा होगा, नहीं तो उसके बारे में मैं कुछ भी नहीं बता पाता। तो कैमरे का रंध्र अपने आपको बंद करने की कोशिश कर रहा था और कोई चीज़ थी जो

उसे खुला रखने का प्रयास कर रही थी। कुछ समय बाद की स्थिति यह थी कि कुछ भी करने की इच्छा बाक़ी नहीं रह गयी थी। रंध्र को बंद होने से रोकने की इच्छा भी ख़त्म हो गयी थी। और अचानक ऐसा हुआ कि वह बंद हो गया। उसके बाद क्या हुआ, मुझे मालूम नहीं।''

यह प्रक्रिया—यानी मरने की प्रक्रिया उनचास मिनट तक चलती रही। यह मृत्यु शारीरिक मृत्यु की तरह ही थी। यू.जी.कहते हैं कि उसके बाद भी उनके साथ यह सब होता रहा। उनके अनुसार—

''मेरे हाथ-पैर बिल्कुल ठंडे पड़ गये, शरीर सख़्त हो गया, धड़कन थम सी गयी, साँसें धीमी पड़ गयीं और उसके बाद साँस खींचने में कठिनाई होने लगी। एक सीमा तक आप वहाँ हैं, फिर जैसे आख़िरी साँस आती है और आप ख़त्म हो जाते हैं। उसके बाद क्या होता है, किसी को मालूम नहीं।''

यू.जी.जब इस स्थिति से बाहर आये तो उनकी मकान-मालकिन ने बताया कि उनके लिए टेलीफ़ोन आया है। नशे की सी हालत में वे नीचे गये। शारीरिक मृत्यु की स्थिति से वे गुज़र चुके थे। वापस जीवन में उन्हें कौनसी चीज़ खींच लायी, उन्हें मालूम नहीं। मृत्यु का यह दौर कितनी देर चला, यह भी उन्हें मालूम नहीं। उनके अनुसार, ''उसके बारे में मैं कुछ भी बता नहीं सकता क्योंकि अनुभवकर्ता ही ख़त्म हो गया था। उस मृत्यु का अनुभव कहने वाला ही वहाँ कोई नहीं था।''

सन् 1967 की गरमियों में यू.जी.के साथ जो कुछ हुआ उसका ज़िक्र वे 'विपदा' कहकर करते हैं।—

''मैं इसे 'विपदा' कहता हूँ क्योंकि जो लोग समझते हैं कि यह कल्पनातीत, आनंदमय और सौंदर्यमय था, उन्हें मालूम होना चाहिए कि यह मात्र शारीरिक यातनामय था। इसी दृष्टि से यह एक 'विपदा'

थी। मेरे लिये विपदा नहीं थी, लेकिन उन लोगों के लिए ज़रूर ही विपदा थी जो समझते हैं कि कुछ अद्भुत घटने जा रहा है। अपने आपसे या किसी और से मैं यह कभी नहीं कह सकता कि मैं एक परम ज्ञान प्राप्त, मुक्ति प्राप्त या पूरी तरह स्वतंत्र व्यक्ति हूँ या मैं मानव जाति को मुक्त करने जा रहा हूँ।''

आठवें दिन जब वे सोफ़े पर बैठे हुए थे, अचानक –

''ऊर्जा का एक ज़बरदस्त प्रस्फोट हुआ और उनके सारे शरीर को, शरीर के साथ सोफ़े को शैलेट और पूरे ब्रह्मांड को झकझोरने लगा। इस गति को आप पैदा नहीं कर सकते। यह कहाँ से आ रही थी, अंदर से या बाहर से, नीचे से या ऊपर से, मुझे मालूम नहीं। उसके केंद्र को भी मैं जान नहीं सका। घंटों-घंटों तक यह चलता रहा। इसको रोकने का मेरे पास कोई उपाय नहीं था। मैं पूरी तरह असहाय हो गया था। कई-कई दिनों तक यह चलता रहा।''

तीन दिनों तक यू.जी. बिस्तर पर पड़े रहे। उनका शरीर पीड़ा से ऐंठ रहा था। उनके अनुसार ऐसा लग रहा था जैसे उनके शरीर की हर कोशिका में दर्द हो रहा है। ऊर्जा के इसी तरह के प्रस्फुटन अगले छह महीनों तक रुक-रुक कर होते रहे। जब भी लेटते या आराम करते, ऐसा होता। यू.जी.ने स्पष्टीकरण देते हुए बताया कि विचार ने उनके शरीर को इस हद तक नियंत्रित कर रखा था कि जब जब नियंत्रण ढीला पड़ा, उनकी भूख-प्यास ग़ायब हो गयी। इसके बाद उनके हाथों की हरकत में परिवर्तन आ गया। वे पीछे की ओर मुड़ने लगे। इसीलिए लोगों ने कहा कि, 'मेरे हाथों का हिलना-डुलना मुद्राओं का निर्माण करता है।' शरीर में होरमोन-परिवर्तन भी होने लगा। अब उन्हें इस बात का भान नहीं रहा कि वे स्त्री हैं या पुरुष। अचानक छाती में बायीं ओर स्त्री वक्ष का विकास होने लगा। शरीर को अपनी ख़ुद

की नयी लय में अंतिम रूप से स्थिर होने में तीन साल लग गये। दोस्तों ने देखा कि उनके पेट, गर्दन और सिर में तथा उन तमाम बिंदुओं पर जिन्हें चक्र कहा जाता है, सूजन आ गयी है। अलग-अलग आकार और रंग की सूजन नियमित अंतराल पर आती और चली जाती थी। पेड़ू पर सूजन आड़ी और सिगार के आकार की होती थी। नाभि के ऊपर की सूजन सख़्त और बादाम के आकार की थी। छाती के बीच में नीले रंग की एक सख़्त सूजन थी मानो बड़े आकार का कोई ताबीज़ या तमगा (मेडैलियन) हो। उसके ऊपर गले के मूल पर एक छोटी भूरे लाल रंग की पदक आकार की सूजन थी। गर्दन के आसपास सूजन का एक नीला, भूरा सा और इसका पीला चक्र था। पदक के आकार की दोनों सूजनें इस विविधरंगी चक्र से लटकी हुई सी लगती थीं। कुछ हिंदू देवताओं की तस्वीरों में ऐसा ही दिखाई देता है। कुछ और समानताएँ भी थीं। इनका गला इस तरह सूज गया था कि उनकी ठोड़ी किसी नाग के फन पर बैठी हुई लगती थी। शिव की परम्परागत तस्वीरों में ऐसा ही दिखाई देता है। नासिका मूल के ऊपर कमल के आकार की एक सफ़ेद सूजन थी। पूरे सिर पर छोटी रक्त नलिकाएँ विस्तृत हो गयी थीं। उनका आकार कुछ ऐसे कलात्मक गोलों की तरह हो गया था—जो गौतम बुद्ध की कुछ मूर्तियों के सिर पर दिखायी देते हैं। मूसा (मोज़ेज़) और ताओवादी फ़क़ीरों के शृंगों की तरह दो बड़ी और सख़्त सूजनें समय-समय पर उभरती और ग़ायब हो जाती थीं। उनकी गर्दन की नीली और सर्पाकार शिराएँ विस्तृत होकर उनके सिर तक चली गयी थीं। यू.जी.के अनुसार उनका शरीर उस हर चीज़ से प्रभावग्रस्त था जो उनके आसपास घटित होती थी। 'जो वहाँ हो रहा है, यहाँ भी हो रहा है। असर सिर्फ़ शरीर पर हो रहा है। यह व्याधि है। आप इसे रोक नहीं सकते। कारण सिर्फ़ इतना है

कि अपने आसपास आपने जो बख़्तरबंदी की है, वह नष्ट हो चुकी है। इसीलिए आसपास घटित होने वाली हर चीज़ से बचने के लिए वह पूरी तरह अक्षम हो गयी है।'

चिकित्सक डॉक्टरों से अपनी चर्चा के दौरान यू.जी.को पता चला कि नलिकाविहीन ग्रंथियाँ ठीक उन्हीं स्थानों पर स्थित हैं जिन स्थानों पर हिंदुओं ने चक्रों की कल्पना की थी। कहा जाता है कि थायमस ग्रंथि बचपन में बहुत सक्रिय होती है। यही कारण है कि बच्चों में असाधारण अनुभूतियाँ होती हैं। जब वे किशोरावस्था या वयस्कता को प्राप्त होते हैं तो यह ग्रंथि निष्क्रिय हो जाती है। कम से कम वैज्ञानिकों का तो यही कहना है। जब शरीर के अंदर इस तरह का विस्फोट होता है जिसे धार्मिक ग्रंथों में दूसरा जन्म कहा गया है, तो यह ग्रंथि फिर सक्रिय हो जाती है और सारी असाधारण अनुभूतियाँ वापस आ जाती हैं। ये अनुभूतियाँ वे धारणाएँ या संभावनाएँ नहीं हैं जो आप किसी और के लिए अनुभव करते हैं। अगर वहाँ किसी को कोई चोट पहुँचती है, तो वह यहाँ महसूस होती है। मगर यह पीड़ा नहीं है, मात्र एक अनुभूति है। अचानक अपने आप बोल उठते हैं, 'उफ़!'

यू.जी.के जीवन में एक ऐसी घटना घटी जिससे यह बात और स्पष्ट होती है। एक बार वे दक्षिण भारत के कॉफी बाग़ान में थे। किसी अज्ञात कारण से एक माँ ने अपने बच्चे को पीटना शुरू कर दिया। वह बहुत ग़ुस्से में थी। अपने बच्चे को उसने इतने ज़ोर से मारा कि बच्चा क़रीब क़रीब नीला पड़ गया। किसी ने यू.जी.से पूछा, 'आपने हस्तक्षेप कर उस माँ को रोका क्यों नहीं?' यू.जी.ने जवाब दिया, 'मैं उलझन में खड़ा रहा। समझ में नहीं आ रहा था कि मेरी दया किसके लिए है? बच्चे के लिए या माँ के लिए? दोनों ही दयनीय स्थिति में थे। माँ ग़ुस्से पर क़ाबू नहीं पा रही थी और बच्चा बिल्कुल असहाय था।

इसके बाद मैंने पाया कि बच्चे पर पड़ने वाली मार की तरह के निशान मेरी पीठ पर भी उभर आये हैं। यानी मार का शिकार मैं भी हो गया था।' यू.जी.के अनुसार ऐसा इसलिए हुआ क्योंकि चेतना को विभाजित नहीं किया जा सकता। 'इस स्थिति में आने के बाद दूसरों के बारे में निर्णय करने की आपकी हैसियत का प्रश्न ही नहीं उठता।'

यू.जी.अक्सर कहते थे कि 'तीसरी आँख' यानी आज्ञा चक्र कुछ और नहीं, पिट्यूटरी ग्रंथि ही है। एक बार जब विचार का हस्तक्षेप समाप्त हो जाता है तो विचार का काम यह ग्रंथि सम्हाल लेती है। अब विचार की जगह यह ग्रंथि ही शरीर को आदेश या हिदायतें देती है। इसलिए आज्ञा चक्र कहा जाता है। यू.जी.के अनुसार विचार ने एक आंतरिक कवच या बख़्तरबंद की रचना कर रखी है जो बाहरी चीज़ों से व्याधिग्रस्त होने से हमें रोकता है। 'चूंकि यहाँ कोई नहीं है जो विचार को आत्मरक्षक यंत्र के रूप में इस्तेमाल करे, विचार अपने आपको जला डालता है। वह ज्वलन और विकीर्णन की स्थिति से गुज़रता है। आख़िर विचार एक प्रकम्प (वाइब्रेशन) मात्र है। इसलिए जब विचार का विकीर्णन (आयोनाइज़ेशन) होता है तो वह भस्म की तरह एक पदार्थ बाहर फेंकता है या पूरे शरीर को उससे ढँक देता है। इसके फलस्वरूप शरीर में ज़बरदस्त उष्णता का निर्माण होता है।' यू.जी.ने इस 'विपदा' को शुद्ध और सरल शारीरिक तथा शरीर शास्त्रीय शब्दों में जो समझाया है उसका एक मुख्य कारण यह है कि उसमें कोई मनोवैज्ञानिक या धार्मिक अत्युक्ति मौजूद नहीं है। यू.जी.के अनुसार ऐसी चीज़ बहुतों के साथ घटित हुई होंगी। यह ऐसी चीज़ नहीं है कि जिसके लिए व्यक्ति को विशेष रूप से तैयार रहना पड़े। इस स्थिति के घटित होने के लिए किसी साधन की ज़रूरत नहीं है।

यू.जी.के लिए 'विपदा' का सबसे चमत्कृत कर देने वाला,

उलझन में डाल देने वाला पक्ष तब सामने आता है जब संवेदनात्मक गतिविधियाँ स्वतंत्र रूप से काम करने लगती हैं। संवेदनाओं को जोड़ने वाला समन्वयकर्ता कोई नहीं होता। वैलेंटाइन के लिए यही स्थिति समस्या बन गयी।

"हम लोग घूमने जाते थे। फूल की तरफ़ देखकर मैं पूछता था, 'यह क्या है?' वे जवाब देती थीं, 'यह फूल है।' कुछ और क़दम चलने के बाद गाय को देखकर मैं पूछता था, 'यह क्या है?' एक शिशु की तरह सारी चीज़ें फिर से सीखनी पड़ रही थीं।" वैलेंटाइन की समझ में नहीं आया कि हो क्या रहा था। उन्होंने जिनीवा के एक प्रमुख मनोचिकित्सक से परामर्श किया। मनोचिकित्सक ने कहा कि वह जब तक व्यक्ति से मिल नहीं लेता, कोई मदद नहीं कर सकता। उसने कहा कि यू.जी.को लेकर आओ। यू.जी.ने जाने से इन्कार कर दिया क्योंकि उन्हें मालूम था कि उनके अंदर कुछ असाधारण घटित हो गया है। उनकी कठिनाई यह थी कि उनसे मिलने आने वाले लोग यह समझ ही नहीं पा रहे थे कि यू.जी.की क्रियाएँ किस तरह हो रही हैं और यू.जी.समझ नहीं पा रहे थे कि लोग क्रियाशील किस तरह हैं। अपनी 'विपदा' का सारांश समझाते हुए यू.जी.कहते हैं—

> "इसके बारे में बस इतना ही। मेरी जीवन-कथा यहीं ख़त्म हो जाती है। इसके बारे में लिखने के लिए और ज़्यादा कुछ नहीं है, न ही भविष्य में कभी होगा। लोग आएँगे, प्रश्न पूछेंगे, मैं उनका उत्तर दूँगा। वे नहीं पूछेंगे तो मुझे कोई फ़र्क़ नहीं पड़ता है। मनुष्य जाति के लिए मेरा कोई विशेष संदेश नहीं है। बस इतना कहूँगा कि परम ज्ञान प्राप्त करने के लिए रची गयीं सारी धार्मिक प्रणालियाँ बकवास हैं। बोध के ज़रिये मनोवैज्ञानिक रूपांतरण प्राप्त करने की सारी बातें फ़ालतू हैं। मनोवैज्ञानिक रूपांतरण असंभव है। स्वाभाविक

अवस्था की प्राप्ति सिर्फ़ जैविक रूपांतरण के ज़रिये हो सकती है।''

ये अद्भुत शारीरिक परिवर्तन वर्षों तक चलते रहे। जो कुछ हुआ था, उसने यू.जी.को इतना ज़्यादा हतप्रभ कर दिया था कि 'विपदा' के वर्षों बाद तक वे बोले ही नहीं। यह परिवर्तन अपने आप में इतना संपूर्ण था कि यू.जी.को सोचने और बोलने की क्रिया लगभग फिर से सीखनी पड़ी। क़रीब वर्ष भर बाद उनकी अधिकांश अभिव्यंजना शक्तियाँ लौट आयीं। फिर भी वे ज़्यादा कुछ बोलते नहीं थे। वे पूछते हैं, ''ऐसे अनुभव के बाद कहने के लिए रह ही क्या जाता है?'' एक दिन अचानक तड़ित गति से प्रश्न का उत्तर कौंद गया। 'अब मैं ठीक ठीक बताऊँगा कि यह है कैसा?' सन् 1960 के दशक के बाद के वर्षों में एक वर्ष के अंतराल के बाद यू.जी.ने अब अनथक बोलना शुरू कर दिया। इस सबके बारे में यू.जी.ने बाद में बताया–

> ''मैं नहीं जानता कि मुझे क्या हो रहा था। कोई संदर्भ बिंदु भी नहीं था। कुछ ऐसा हुआ कि मैं मर गया और अपने पूरे अतीत से मुक्त होकर फिर जीवित हो गया। यह सब बिना मेरी मरज़ी के और कोशिश के हुआ और मेरी धार्मिक पृष्ठभूमि के बावजूद हुआ। और यही चमत्कार है। दूसरे लोग इसे आदर्श बनाकर इसकी पुनरावृत्ति नहीं कर सकते।''

इस तरह उनचास साल की तलाश और अद्भुत शारीरिक रूपांतरण के बाद यू.जी.को ऐसा क्या मिला कि जिसे वे दुनिया के सामने पेश कर सकें, वह दुनिया जो बड़ी शिद्दत से किसी ऐसी चीज़ को पाने की कोशिश कर रही है जो उसे बिखरने ओर ख़त्म होने से बचा सके। यू.जी.से जब भी यह पूछा गया कि 'विपदा' के परिणामस्वरूप उनको आख़िर हुआ क्या, तो उन्होंने हमेशा 'मूंगफली' (पीनट) व्यंग्यचित्रों

का सहारा लेकर कहा, "मुझे नहीं मालूम कि यह क्या हुआ या कब हुआ या कैसे हुआ? मुझे यह भी नहीं मालूम कि हुआ क्या? क्या कुछ हुआ?" अपनी बात समझाने के लिए यू.जी.अक्सर इस भारतीय दृष्टांत-कथा का सहारा लेते हैं—

"एक गाँव के एक सुनसान हिस्से में एक बार बारह बच्चे खेल रहे थे। अचानक उन्हें गणेशजी की एक मूर्ति दिखायी दी। हाथी की सूंड़ वाले गणेशजी शुभारंभ के देवता हैं। बच्चे उस मूर्ति के आसपास नाचने-गाने लगे। एक बच्चे का ध्यान गणेशजी की निकली हुई तोंद की तरफ़ गया। उत्सुकतावश बच्चे ने गणेशजी की नाभि में अंगुली डाल दी। उसे लगा कि जैसे किसी ने उसकी अंगुली पर डंक मार दिया। उसने झट से अंगुली नाभि से निकाल ली। दर्द से कराहने की जगह अपने साथियों को उसने यह बताने की कोशिश की कि उसके साथ कुछ असाधारण घटित हो गया है। उसके सबसे नज़दीक खड़े बच्चे ने उसका अनुकरण किया। एक के बाद एक सभी बच्चों ने यही किया। अंत में जो बच्चा बच गया, वह सबसे छोटा था। उसने भी अंगुली डाली और चीख़ कर कहा, 'यह बिच्छू है।' तब सबने सहमति में सिर हिलाया और रोना शुरू कर दिया।"

यू.जी.उस छोटे बच्चे की तरह हैं। 'विचार ही शत्रु है' (थॉट इज़ योर एनीमी) नामक उनकी पुस्तक के ये उद्धरण उनकी 'चीख़' का यह विवरण देते हैं—

"जो कुछ मुझे हुआ, रोकने की मेरी तमाम कोशिशों के बावजूद हुआ। यह बिल्कुल अप्रासंगिक है कि मैंने क्या-क्या किया या नहीं किया और लोगों के अनुसार कौन सी घटनाएँ इस स्थिति में मुझे लेकर आयीं। मेरे लिये यह बहुत मुश्किल है कि मैं कोई

बिंदु निश्चित करूँ और अपने आपसे कहूँ कि यह मैं हूँ, फिर पीछे मुड़कर देखूँ और यह पता लगाने की कोशिश करूँ कि मेरे साथ जो कुछ भी हुआ उसका कारण क्या था। इसीलिए मैं बार-बार इस बात पर ज़ोर देता हूँ कि कारणविहीन कार्य है। अपने प्रिय मुहावरे का प्रयोग करूँ तो यह कुछ ऐसा है जैसे आप पर अचानक बिजली गिर जाए। मैं सिर्फ़ एक बात निश्चित रूप से कह सकता हूँ कि जिस चीज़ की तलाश मैं सारी ज़िंदगी करता रहा, वह छिन्न भिन्न होकर टुकड़े टुकड़े हो गयी। संपूर्ण या आंशिक आत्म साक्षात्कार, ईश्वरीय साक्षात्कार, आत्म-परिवर्तन के जो सारे लक्ष्य मैंने अपने लिये निश्चित किये थे, वे सब झूठे निकले। कोई चीज़ ही नहीं थी कि जिसका साक्षात्कार किया जा सके या जिसे प्राप्त किया जा सके। यह माँग ही कि मैं हर चीज़ से, अपनी शारीरिक आवश्यकताओं से भी, मुक्त हो जाऊँ, ग़ायब हो गयी। मेरे पास कुछ भी नहीं रह गया। इसलिए मुझमें से अब जो कुछ भी बाहर आता है वह इस बात पर निर्भर है कि आप मुझमें से क्या निकाल लेते हैं।

"वस्तुत: और तथ्यत: मेरे पास कुछ भी नहीं है जो मैं बताऊँ, क्योंकि किसी भी स्तर पर कोई संवाद संभव ही नहीं है। एक ही साधन बाक़ी रह जाता है और वह है बुद्धि। लेकिन एक तरह से हम लोग यह जान चुके हैं कि इस साधन ने भी किसी चीज़ को समझने में हमारी कोई मदद नहीं की है। इसलिए जब आपको पता चलता है कि वह साधन बेकार है और कुछ भी समझने का और कोई साधन है ही नहीं, तो आप इस अजीब सी उलझन भरी स्थिति में आ जाते हैं कि समझने के लिए कुछ है ही नहीं। यह एक तरह से बहुत ही पाखंडपूर्ण व्यवहार होगा कि मैं किसी

मंच पर बैठ जाऊँ, तरह-तरह के निमंत्रण स्वीकार करूँ और लोगों से यह कहने की कोशिश करूँ कि सुनो, मेरे पास बताने के लिए कुछ है।''

''जो चीज़ मेरे पास बच जाती है वह असाधारण है। असाधारण इस अर्थ में कि मेरे लिये जो कुछ संभव हुआ है उसके लिए मैंने कोई प्रयास नहीं किया, उसकी मैंने कोई इच्छा नहीं की। इससे पहले हर व्यक्ति ने जो भी विचार किया है, अनुभव किया है या जिसका तजुरबा लिया है, वह सब मेरे अस्तित्व में से निकाल कर बाहर फेंक दिया गया है।

''मेरी कोई शिक्षा नहीं है, न कभी होगी। 'शिक्षा' शब्द ही इसके लिए ग़लत है। शिक्षा का मतलब होता है एक विधि या एक प्रणाली, एक शिल्प (टेक्नीक) या सोच-विचार का एक नया तरीक़ा जिसका उपयोग आप अपनी जीवन-पद्धति में परिवर्तन लाने के लिए करते हैं। मैं जो कुछ कर रहा हूँ, ज्ञानदान या शिक्षणीयता के क्षेत्र से बाहर है। मैं बस अपनी क्रियाशीलता का तरीक़ा बता रहा हूँ। मनुष्य की प्रकृत अवस्था का यह वर्णन मात्र है। विचार-यंत्र का आवरण अगर आप हटा दें तो आप भी उसी तरह क्रियाशील होंगे।

''इस प्रकृत अवस्था का आनंद, सौंदर्यानुभूति या हर्षोन्माद की धार्मिक अवस्थाओं से किसी भी प्रकार का कोई सम्बन्ध नहीं है। ये सारी चीज़ें अनुभव क्षेत्र के अंदर आती हैं। शताब्दियों तक जो लोग मनुष्य को धार्मिकता की खोज का रास्ता दिखाने की कोशिश करते रहे हैं, शायद वे इन धार्मिक अवस्थाओं के अनुभव से गुज़रे हों। वे अस्तित्व की विचार-प्रेरित अवस्थाएँ हैं। जैसे आती हैं, वैसे ही चली जाती हैं। लेकिन जो कालातीत

है उसे कभी अनुभव नहीं किया जा सकता, कभी समझा और आत्मसात किया नहीं जा सकता। मनुष्य द्वारा उसके अभिव्यक्त किये जाने का तो सवाल ही नहीं उठता। पिटा-पिटाया रास्ता आपको कहीं नहीं पहुँचाएगा। आगे कहीं कोई मरुजल नहीं है। आप एक मरीचिका में फँसकर रह गये हैं।''

एक पुस्तक लिखने के सिलसिले में मैं कारमेल में चालीस दिन यू.जी.के साथ रहा। मैंने यू.जी.से पूछा, ''आपका संसर्ग क्या लोगों की किसी भी तरह की ज़रा सी मदद नहीं करता कि वे अपना इष्ट प्राप्त कर सकें?'' उनका जवाब था, ''देखो। यहाँ रहने पर तुमने औरों की तरह ही कॉफ़ी बनाना, ब्रेड को टोस्ट करना, धुलाई मशीन का इस्तेमाल करना और अपने बर्तन ख़ुद धोना सीख लिया है। बस, ये चीज़ें ही तुम मुझसे सीख सकते हो। मैं जिस तरह का जीवन जी रहा हूँ या हो कुछ कह रहा हूँ उससे जीवन की कठिन परिस्थितियों का सामना करने में लोगों को कोई मदद नहीं मिलेगी। अगर उनमें क्षमता है तो वह ज़रूर ऊपर आ जाएगी। लेकिन आध्यात्मिक प्रगति या क्षमता पर यह बात लागू नहीं होती क्योंकि उसका तो अस्तित्व ही नहीं है। आप हत्यारे हैं तो इतना होगा कि आप ख़ूबी से हत्या कर सकेंगे। मैं हत्या का समर्थन नहीं कर रहा हूँ। मैं बस इतना कह रहा हूँ कि आपके अंदर जो है वह बिखरकर बाहर आ जाएगा।'' अब जब मैं लौटकर यू.जी. के साथ बिताये अपने जीवन के उन दिनों को याद करता हूँ तो मुझे इस बात का निश्चय हो जाता है कि यू.जी.कारणीभूत न होते तो आज मैं वहाँ न होता जहाँ हूँ। मैं खिलता निखरता नहीं और वह नहीं होता जो आज मैं हूँ। अगर आज मुझमें यह जुर्रत है कि किसी और पर अपना पंथ थोपे बग़ैर मैं अपनी शर्तों पर अपना जीवन जिऊँ तो यह सिर्फ़ इसलिए कि यू.जी.के साथ अपने तीव्र और आवेगमय आदान-प्रदान

के दौरान अपने अंदर मैंने एक अमूल्य अंतर्दृष्टि संचित कर ली थी। उन्होंने ही मुझे उस दलदल से बाहर निकाला जिसमें मैं फँस गया था। परवीन बाबी पागलपन के भँवर में डूबी जा रही थी और अपने साथ मुझे भी उसमें खींच रही थी। एक अभिभावक पिता की तरह उन्होंने मुझे बाहर निकाला और उस प्रेम-सम्बन्ध से काटकर अलग कर दिया। इस प्रक्रिया में उनकी अपनी काफ़ी बदनामी भी हुई, लेकिन उन्होंने ज़ोर देकर मुझे अपने ज़ख़्मी और लड़खड़ाते क़दमों पर खड़ा कर दिया ताकि मैं फिर से अपना जीवन शुरू करूँ। मुझे याद है, एक बार जब मैं आख़िरी कगार पर पहुँचकर, अपने सारे हथियार डालकर आत्मसमर्पण करने जा रहा था तो उन्होंने कहा था, ''अगर तुम कामियाब नहीं होते तो मैं तुम्हें कभी माफ़ नहीं करूँगा महेश।'' यह बात उन्होंने मुझे ऐसे प्यार से कही कि उनका वह वाक्य मेरा सिम्बल और सहारा बन गया। आनेवाली काली रातों में वह मुझे रास्ता दिखाता रहा। जब मैं जीवन में कुछ बन गया तो वे मुझे एक विजय-चिन्ह की तरह पेश कर आसपास के लोगों के सामने अभिमानी माता-पिता की तरह गर्व से कहने लगे, ''यह लड़का रजनीश के साथ अपना समय बरबाद कर रहा था, कुछ कर नहीं रहा था बस उनके चक्कर काट रहा था। लेकिन देखो अब कहाँ पहुँच गया है। मुझ जैसे व्यक्ति के साथ संपर्क से सिर्फ़ एक मदद मिलती है। आसपास की दुनिया बहुत क्रूर है। बजाय इसके कि किसी आदर्श कल्पनालोक की तलाश करते हुए इस दुनिया में नालायक़ बन जाएँ, आप रोज़मर्रा के जीवन की वास्तविकताओं से जूझने और निबटने में सक्षम हो जाते हैं।'' एक दिन हम दोनों हॉलीवुड की सड़कों पर घूम रहे थे। मैंने यू.जी.को बताया कि अपने जीवन और कार्य से मैं असंतुष्ट हूँ। बेकार की फ़िल्में बनाने की इच्छा मेरे अंदर तेज़ी से ख़त्म होती जा रही है। उन्होंने मुझसे कहा कि शिखर

पर रहकर सिनेमा को अलविदा कह दो और आने वाले कल के लिए रास्ता साफ़ कर दो। मैंने ऐसा ही किया। एक बहुत ही व्यक्तिगत भावनात्मक फ़िल्म 'ज़ख़्म' बनायी, तत्कालीन सत्तारूढ़ दक्षिणपंथी शक्तियों के साथ लोहा लिया और उनके तीव्र विरोध को निरस्त कर अनेक राष्ट्रीय पुरस्कार प्राप्त किये। जिस समय हॉल में तालियों की गड़गड़ाहट और प्रशंसा की आवाज़ें गूँज रही थीं, मैंने निर्देशन के क्षेत्र को आख़िरी सलाम कह दिया। यही कारण है कि आज यहाँ हूँ, नयी प्रतिभाओं को खिलने का मौका दे रहा हूँ और नौजवानों को मौक़ा दे रहा हूँ कि वे अपनी क्षमताओं को पहचानें। यू.जी.का कहना है, "हर वेश्या का एक ज़माना होता है। तुमने अच्छा किया कि निर्देशन की दुनिया से अपने को हटा लिया और नयी प्रतिभाओं की तलाश और रचना के कार्य के लिए अपने आपको समर्पित कर दिया।"

पिछले तीस साल से रोज़ सुबह उनके ख़्याल से शुरू होती है, वे जहाँ भी जाते हैं, उनसे संपर्क बनाये रखता हूँ। वे एक धुरी की तरह थे और मेरी दुनिया उनके आसपास घूम रही थी। लेकिन एक अच्छा दयालु अभिभावक या पिता जो करता है, उन्होंने वही किया। अपने आपको उन्होंने मुझसे दूर रखना शुरू कर दिया। उन्होंने एक ताकीद कर दी ताकि मेरे फ़ोन कॉल लगातार कम होते जाएँ, मेरी उनसे मुलाक़ातें घटती जाएँ। इसके बावजूद वे मेरे जीवन स्त्रोत बने रहे। दुनिया से निबटने के लिए जब भी मुझे हौसले की ज़रूरत पड़ती, मैं उनके पास पहुँच जाता। इराक़ युद्ध से कुछ पहले जॉर्ज डब्लू बुश ने जब मुझे सुबह के नाश्ते पर आमंत्रित किया तो उस आमंत्रण को मैंने ठुकरा दिया। यू.जी.ने इसके लिए मेरी पीठ थपथपायी। लेकिन दुनिया यह कभी जान नहीं पायी कि मेरे अंदर जो साहस था, उन्हीं से आया था।

और इसके बाद आया मेरा सत्तावनवाँ जन्मदिन। लम्बे समय

बाद मैंने उन्हें फोन किया। पता नहीं मेरे अंदर क्या हुआ कि यह फ़ोन कॉल करने के लिए मैं मजबूर हो गया। हम दोनों फ़ोन पर बातें करने लगे। मैंने कहा, "यू.जी. आपको याद है, आपने एक बार कहा था कि छप्पन साल पीछे छोड़कर जब मैं सत्तावन साल का हो जाऊँगा तो आपकी नियति के हाथों पहुँच जाऊँगा। आपने यह भी कहा था कि इसके बाद अपने जीवन पर मेरा कोई नियंत्रण नहीं रह जाएगा?" पल भर भी रुके बिना उन्होंने कहा, "हाँ, मैंने कहा था।" जैसे वे मेरे फ़ोन का इंतज़ार ही कर रहे थे। उन्होंने कहा, "अब इसके बाद तुम्हारी ज़िंदगी में मेरी कोई भूमिका नहीं होगी। अब अगर तुम अपने जीवन-क्रम को कोई रूप या आकार देने की या कोई दिशा प्रदान करने की कोशिश करोगे तो तुम्हें भी परेशानी होगी। जीवन को अपना रास्ता ख़ुद चुनने दो।"

मैंने पूछा, "क्या आपका मतलब है कि अब इसके बाद मेरे जीवन में आपकी कोई भूमिका नहीं होगी?"

"बिल्कुल कोई भूमिका नहीं होगी। गुड लक।" उन्होंने फ़ोन बंद कर दिया।

उनके शब्दों में एक आख़िरी फ़ैसला था। इन शब्दों ने एक साथ मुझे दु:खी और हर्षित किया। मेरी हालत उस बच्चे की सी थी जो माता-पिता का सहारा लिये बिना अपनी साइकिल ख़ुद चलाता हुआ अज्ञात की ओर जा सकता था। मेरे जीवन का एक नया दौर शुरू हो गया था।

❑❑❑

मार्च 2007 में मृत्यु से पहले यू.जी.कृष्णमूर्ति ने अपने जीवन के अंतिम वर्ष भी उसी तरह बिताये जिस तरह उन्होंने अपना सारा जीवन बिताया था। वे लगातार प्रवास करते रहे, बिना तैयारी के यहाँ से वहाँ जाते रहे और

जीवन को बराबर अपनी शर्तों पर जीते रहे। हाँ, बढ़ती उम्र ने उनकी गति कुछ धीमी ज़रूर कर दी थी। वे अब अठासी साल के हो गये थे। समय-समय पर अब वे यह कहने लगे थे कि 'बुढ़ापा भी एक सत्य है।' लेकिन उनकी चालढाल उनके शब्दों को झुठलाती सी लगती थी। शायद वे आख़िरी बार अमरीका जाना चाहते थे। लेकिन हवाई जहाज़ का सफ़र और हवाई अड्डों का चलना-फिरना उनके लिए समस्या बनता जा रहा था। वे यह बिल्कुल पसंद नहीं करते थे कि कोई और उनका सूटकेस लेकर चले या गिरने से बचने के लिए उन्हें सहारा दे।

सन् 2004 में ब्लैक फ़ॉरेस्ट में एक रात जब वे अपने कमरे में अकेले थे तो उन्होंने संतुलन खो दिया और वे गिर पड़े। सन् 2005 में ग्स्ताद में वे फिर गिर गये। सारे संसार में फैले हुए अपने मित्रों को उन्होंने बुला लिया। उनसे घिरे रहकर लम्बे समय तक ठीक होने की पीड़ादायक मगर सुखकर प्रक्रिया से वे गुज़रते रहे। मित्रों को भय था कि 'अंत' कहीं निकट तो नहीं आ गया है। यू.जी. ख़ुद बार बार कहते थे 'इस बूढ़े आदमी के प्रस्थान का समय आ गया है,' लेकिन उनकी अजस्र ऊर्जा और शक्ति कुछ और ही कहते थे। बहुत जल्द वे अपने पैरों पर खड़े हो गये और यात्राएँ करने लगे। लेकिन जैसे जैसे उनकी शक्ति क्षीण होने लगी, संतुलन जाने लगा, यह स्पष्ट हो गया कि उनके बहुमूल्य स्वावलंबन को ख़त्म होना होगा।

जनवरी 2007 में यू.जी.बैलेक्रोसिया, इटली आये। बैलेक्रोसिया इटली में भूमध्य सागरीय तट पर फ्रैंच सीमा के पास स्थित है। उनके मित्र लूसिया और गिओवान्नी ने अपने पारिवारिक विला के एक खंड में उनके रहने की व्यवस्था की थी। जनवरी की 31 तारीख़ को तड़के यू.जी.फिर गिर पड़े। वे स्नानगृह में अपना अंडरवियर धो रहे थे। उन्हें गहरी चोट आयी थी। फिर भी किसी तरह घिसटकर वे अपने लिविंग रूम के दरवाज़े

तक आये। उन्होंने दरवाज़े की सिटकनी खोल दी, लेकिन उठकर खड़े नहीं हो सके। एक इज़रायली मित्र ने जब उन्हें इस हालत में पाया तो सहारा देकर किसी तरह वह उन्हें काउच तक ले आया। उनका पैर तो कुछ ठीक हो गया लेकिन उनकी शक्ति फिर नहीं लौटी। यू.जी. ने बहुत जल्द महसूस कर लिया कि उनकी हालत तेज़ी से गिरती जा रही है। सारी दुनिया में फैले अपने मित्रों और परिवार के लोगों को उन्होंने बुलाया ताकि वे उन्हें अलविदा कह सकें। कोई भी डॉक्टरी सहायता या हस्तक्षेप स्वीकार करने से उन्होंने इनकार कर दिया। बहुत से डॉक्टर दोस्त आ जा रहे थे, लेकिन यू.जी.ने उनसे या किसी ज्योतिषी अथवा चिकित्सक से कोई सलाह नहीं ली। उन्होंने कहा, "मैंने अपने शरीर के साथ जीवन में कोई जोड़तोड़ नहीं की, मृत्यु में भी नहीं करूँगा।" यू.जी.ने बार-बार यह कहा कि अपने गुज़र जाने की प्रकिया को वे सभ्यता प्रदत्त किसी भी जटिलता के चक्र में पड़ने नहीं देना चाहते। वे बहुत चाहते थे कि मरने के लिए ग्स्ताद लौट आएँ। लेकिन स्पष्ट था कि वे लगातार कमज़ोर होते जा रहे हैं और यह यात्रा उनके लिए संभव नहीं होगी। इस तथ्य को भी उन्होंने उसी तरह स्वीकार कर लिया जिस तरह अन्य स्थितियों के अपरिहार्य को अब तक स्वीकार करते आये थे। उसके बाद ख़ुद अपनी मृत्यु के आयोजन की प्रकिया की उन्होंने शुरुआत कर दी।

जीवन-ज्योति

10 फ़रवरी 2007

मुंबई

चंद्रशेखर को मैं प्यार से बाबू कहता हूँ। टेलीफ़ोन पर बाबू की काँपती हुई सी आवाज़ गूँजती है, "महेश, यू.जी.का फ़ोन आया था। वे चाहते हैं कि सुगुना और मैं तुरंत इटली पहुँच जाएँ। उनका कहना है कि अंतिम बिदाई का समय आ गया है। वे हम दोनों के लिए हवाई टिकिट भेज रहे हैं। क्या तुम उनसे बात कर पता कर सकते हो कि स्थिति वास्तव में क्या है?"

अपने जीवन के सबसे महत्त्वपूर्ण रिश्ते को 'अलविदा' कहने के ख़्याल से ही बाबू अंदर तक हिल गया था। बिस्तर से निकलते हुए मैं

कहता हूँ, "मुझे टेलीफ़ोन नंबर दो जहाँ मैं उनसे संपर्क कर सकूँ।" कुछ ही मिनट बाद इटली फ़ोन लगाते मुझे एहसास होता है कि मैं ज़रा भी विचलित नहीं हूँ। यू.जी.ने एक बार मुझसे वादा किया था कि मुझसे मिले बिना वे यह संसार नहीं छोड़ेंगे। शायद इसीलिए मैं अविचलित हूँ। उन्होंने मुझे बुलाया नहीं था। मैं जानता हूँ कि अंतिम समय अभी आया नहीं है। कई बार की कोशिशों के बाद आख़िर फ़ोन इटली लग जाता है। फ़ोन पर मारियो मेरा स्वागत करता है। उसके रवैये से इस बात की पुष्टि हो जाती है कि हालात बिल्कुल ठीक हैं। वह फ़ोन पर चीख़कर कहता है, "यू.जी.महेश का फ़ोन है।"

जब यू.जी..फ़ोन पर आ जाते हैं तो मैं कहता हूँ, "यू.जी.बिना मुझसे मिले आप मर नहीं सकते। आपने वचन दिया था कि जब अंत नज़दीक आ जाएगा तो आप मुझे बुलाओगे। आपको 'आख़िरी सीन' का अभिनय मेरे साथ करना है। इसके बिना आप गुडबाई नहीं कर सकते।"

यू.जी. कहते हैं, "मेरा शरीर मुझे कष्ट दे रहा है। इससे मुक्ति चाहता हूँ। वैसे तो मैं पहले से बेहतर हूँ, लेकिन अब भी चल फिर नहीं सकता। न तो मैं भारत आ रहा हूँ, न अमरीका जा रहा हूँ। दो हफ़्ते बाद ग्स्ताद वापस चला जाऊँगा।"

"आप चाहते हैं कि आपसे मिलने वहाँ आऊँ?" मैं पूछता हूँ।

"मैं फ़ोन करूँगा।" वे जवाब देते हैं।

वे फ़ोन मारियो को वापस दे देते हैं। मैं सुनता हूँ, मारियो के सामने मेरा कहा हुआ जब वे दोहराते हैं। उनकी आवाज़ में हँसी की खनक है। फ़ोन बंद करते-करते मैं सोचता हूँ कि यही वह व्यक्ति है जिसके कारण इतना लम्बा रास्ता मैंने तय किया। एक समय था जब उनकी मृत्यु की असह्य कल्पना से ही मैं शराब पीना शुरू कर देता था

और तब तक पीता रहता था जब तक मैं बेहोश नहीं हो जाता। आज उसी कल्पना को मैं बहुत ही सहज भाव से स्वीकार कर रहा हूँ।

11 फ़रवरी 2007

मुंबई

रचनात्मक चिंतन का गला घोंटनेवाली शक्तियों के ख़िलाफ़ छेड़े गये बॉलीवुड के युद्ध की मैं अगुवाई कर रहा हूँ। भारतीय सिनेमा के इतिहास में पहली बार सारे संगठन एक मंच पर एक साथ आकर गुजरात की दक्षिणपंथी ताक़तों के साथ लोहा ले रहे हैं। मेरा आह्वान है कि "अगर 'परज़ानिया' गुजरात में प्रदर्शित नहीं की जाती तो कोई भी हिंदी फ़िल्म वहाँ दिखायी नहीं जाएगी।" जिस समय इस मोरचे पर एक तरह की विजय का मैं आनंद ले रहा था, मुझे ख़बर मिली कि यू.जी.का स्वास्थ्य और ख़राब हो गया है।

मैं उनसे पूछता हूँ, "आप चाहते हैं कि मैं इटली आ जाऊँ?" आंतरिक अर्थ स्पष्ट है : क्या आप मर रहे हैं बुज़ुर्गवार?

उनका जवाब है, "बाबू और सुगुना के साथ तुम भी इटली आ जाओ।"

मेरा दिल कहता है कि आख़िरी फ़ेडआउट या विलय से वे अब भी काफ़ी दूर हैं। मैं पॉल लिन को फ़ोन करता हूँ। लिन डॉक्टर हैं और किसी ज़माने में 'मुक्तिकामी' हुआ करता था। ज़िंदगी को फिर से शुरू करने में यू.जी.ने लिन की मदद की। आज वह करोड़पति हैं और वहाँ मौजूद लोगों में सबसे ज़्यादा समझदार हैं। वह मुझे बता सकता था कि स्थिति सचमुच कितनी ख़राब है।

उसका जवाब है, "मैं बस दो घंटा पहले यहाँ पहुँचा हूँ। वे

काफ़ी कमज़ोर लग रहे हैं। इतनी बुरी हालत में मैंने उन्हें कभी नहीं देखा। मुझे ताज्जुब नहीं होगा अगर वे कल ही चले जाएँ। लेकिन यह भी संभव है कि वे इस हालत से बाहर आ जाएँ।'

मैं कहता हूँ, "उनसे कहना कि उनका आख़िरी सीन मेरे साथ होगा। तब तक वे मर नहीं सकते। इस आख़िरी सीन से पहले अगर वे मर गये तो मेरी पूरी ज़िंदगी की यह फ़िल्म फ़्लॉप हो जाएगी।" मेरी बात पर लिन हँसता है।

देर रात मुझे एक एस.एम.एस.मिलता है, "तुम्हारा संदेश उन्हें दे दिया। उन्होंने कहा 'माई गॉड' और फिर सो गये।' मैं अपने भाई मुकेश को फ़ोन करता हूँ । हमारी फ़िल्म 'आवारापन' की हांगकांग में शूटिंग चल रही है। मैं मुकेश से कहता हूँ कि मुझे इटली जाना है।

मुकेश का जवाब है, "दफ़्तर सारा बंदोबस्त कर देगा। बस रवाना हो जाओ।" मुकेश को मालूम है कि इस ख़बर का क्या मतलब है। रात पूरी तरह ख़ामोश है।

14 फ़रवरी 2007

मुंबई

23 फ़रवरी तक हम इटली नहीं पहुँच सकते। सुबह उठता हूँ तो पाता हूँ कि मेरे इन-बॉक्स में पॉल की डाक है।

"प्रिय महेश,

"यू.जी.की हालत इस समय स्थिर लगती है। वे इस समय ठीक हैं और लोगों का इंतज़ार कर रहे हैं। घर पूरा भर गया है। कल दूर-दूर से कम से कम पंदरह लोग और आएँगे। तुम जब तक आओगे तब तक काफ़ी लोग जा चुके होंगे। स्थिति के सम्बन्ध में हमको तुम्हारा यथार्थपूर्ण बेबाक आकलन चाहिए।

"लगता है कि यू.जी.कम से कम दो सप्ताह तक यहाँ और होंगे ही तब तक उन्हें मालूम हो जाएगा कि वे गस्ताद तक की यात्रा कर सकते हैं या नहीं। मेरा ख़्याल है कि वे वहाँ अपनी गुफा में जाना चाहेंगे और ज़्यादा लोगों से मिलना पसंद नहीं करेंगे। तब वे समझ सकेंगे कि वे एक बार फिर तैयार हो सकेंगे या नहीं। सर्वोत्तम की कामना।— पॉल।"

रॉबर्ट कार या बॉब यू.जी.के सबसे पुराने मित्र हैं। दिन ढले मैं उन्हें फ़ोन करता हूँ। वे कहते हैं, "हमको मिलकर चीज़ों को समझ लेना चाहिए।" यू.जी.से बॉब की मुलाक़ात सन् 1966 में स्विट्ज़रलैंड में साजेन के एक सर्वसाधारण गाँव में जे.कृष्णमूर्ति के व्याख्यान से लौटने के बाद हुई थी। उसके बाद बॉब का जीवन वह नहीं रहा जो अब तक था। मुंबई के एक उपनगर में बॉब का अड्डा है। उसी शाम मैं वहाँ पहुँच जाता हूँ। हम दोनों को बहुत ही गहराई से इस बात का अहसास है कि ज़िंदगी में एक बहुत ही महत्त्वपूर्ण दौर से हम गुज़र रहे हैं। हम इस बात की चर्चा करते हैं कि यू.जी. की आसन्न मृत्यु के समाचार का हम पर क्या परिणाम होगा। इसके बाद मैं यों ही कुछ कहने लगता हूँ। बॉब को बताता हूँ कि यू.जी.के पास जाकर वह पिटा पिटाया दृश्य दोहराने की मेरी कोई इच्छा नहीं है जिसमें मरणासन्न गुरु रोते हुए शिष्य को अपने गुह्य बताता है और उसके साथ ही आने वाली पीढ़ियों को भी अपने अक्षुण्ण ज्ञान से भर देता है। गौतम बुद्ध मरते समय रोते हुए उस शिष्य आनंद को छोड़ गये थे जो बुद्ध के सान्निध्य में रहने के बावजूद बौद्ध धर्म के आधारभूत संदेश को ही नहीं समझ पाया, कि हर चीज़ नश्वर है, जो पैदा हुआ है, वह मरेगा ही। यू.जी.ने ख़ैर मुझे एक आंतरिक शक्ति से जोड़ दिया था। उन्होंने मुझे अपने ख़ुद के दो पैरों पर खड़ा कर दिया था। आज मेरे अंदर जो

प्रकाश है वह भले ही उन अंतर्दृष्टियों से आया हो जो यू.जी.के साथ बिताये कई-कई दिनों के दौरान मैंने प्राप्त की थीं, लेकिन वह प्रकाश है सचमुच सिर्फ़ मेरा अपना। यू.जी.को भगवान् बनाकर उनकी मृत्यु को एक उज्ज्वल पावन पर्व बना देना उन तमाम बातों को झुठला देना है जो उन्होंने बार बार कहीं और जिनके लिए वे हमेशा संघर्ष करते रहे। मुझे शीतकाल में ग्स्ताद में बितायी वह शाम याद है जब उन्होंने मुझसे कहा था, "यू.जी.नामक इस व्यक्ति में कोई ख़ास बात नहीं है। यह व्यक्ति जब मर जाएगा तो इसकी लाश भी बाग़ीचे के कीड़े या खेत के चूहे की तरह सड़ेगी। इस व्यक्ति ने जो कुछ भी कहा है उससे तुम न तो अपने आप में और न ही दुनिया में कोई परिवर्तन ला सकते हो।" घर वापस लौटने से पहले मैं बॉब को इस सबके साथ और भी बहुत कुछ बता देता हूँ।

शाम को यू.जी.फ़ोन पर जोर देकर कहते हैं कि मैं जल्दी करूँ और जल्द से जल्द इटली पहुँच जाऊँ। आधी रात के समय उनका फ़ोन फिर आता है, "अब आ जाओ। दूसरों का इंतज़ार मत करो।"

16 फ़रवरी 2007

मुंबई

आज महाशिवरात्रि है, भगवान शंकर का पर्व। इटली में स्थिति बहुत अच्छी नहीं है। पॉल ने बॉब को जो पत्र लिखा है वह ज़मीनी हक़ीक़त का बयान है।

"महीने के अंत तक परिस्थितियाँ कुछ बेतुकी हो जाएँगी। 26 तारीख़ के बाद शायद कुछ बेहतर हो जाएँ। मेरा ख़्याल है कि 23 तारीख़ के आसपास महेश, सुगुना, बाबू और बुलबुल यहाँ पहुँच जाएँगे। अगले दो हफ़्तों में क्या होगा, बताना संभव नहीं है। मुझे पूरा

विश्वास है कि महीने के अंत तक यू.जी.नहीं रहेंगे। उसके बाद सब कुछ इस पर निर्भर होगा कि यू.जी.में ग्स्ताद तक की यात्रा करने की शक्ति है या नहीं। वहाँ जाने की उनकी बड़ी इच्छा है। ग्स्ताद में वे चाहेंगे कि बहुत थोड़े लोग उनके पास हों। तुम्हें यहाँ आने के बजाय ग्स्ताद जाने की बात सोचनी चाहिए। अगर तुम मिलान तक की हवाई यात्रा करते हो तो उसके बाद और तीन घंटे कार में सफ़र करना होगा। पेट्रोल और टोल वग़ैरा पर एक तरफ़ के सफ़र में सौ डॉलर और ख़र्च हो जाएँगे। योरप के हिसाब से होटल का ख़र्च उतना बुरा नहीं है। एक रात का चालीस डॉलर इससे कुछ कम का ख़र्च लग जाएगा। सैलानियों का मौसम न हो तो ग्स्ताद में भी होटल का ख़र्च इतना ही होगा। अगर तुम्हें सिर्फ ग्स्ताद आना है तो तुम ज़ूरिक, जिनीवा या फिर फ्रैंकफुर्ट होते हुए आ सकते हो। इस यात्रा में एयरलाइन का अपने हिसाब से चुनाव करने की सुविधा होगी। मेरा ख़्याल है कि थोड़ा इंतज़ार कर देखना चाहिए कि आगे परिस्थितियाँ क्या होती हैं। इस बीच पता करो कि अन्य स्थानों के लिए कुछ सस्ती उड़ानें उपलब्ध हैं या नहीं। यू.जी.आज कुछ बेहतर हैं, मगर मैं बहुत आशावादी नहीं हूँ। लग तो यह रहा है कि वे दुकान बंद कर रहे हैं, धीरे-धीरे।—सर्वोत्तम की कामना। —पॉल।''

23 फ़रवरी 2007

मुंबई

''पॉल। बुज़ुर्गवार अगर जीवित हैं, चुस्त हैं और जाने की कोई धमकी नहीं दे रहे हैं तो उस बेकार जगह किसी को क्यों आना चाहिए? यों ही सवाल पूछ रहा हूँ। क्या तुम इसे उन तक पहुँचा सकते हो ?...प्यार! —महेश।''

इस समय मैं 'धोखा' की स्क्रिप्ट पर काम कर रहा हूँ, कि एक संदेश आता है। यह पॉल का संदेश है, "बुज़ुर्गवार कह रहे हैं कि तुम्हें आने की कोई ज़रूरत नहीं। तुम्हारे बिना भी वे मर सकते हैं। तुम्हारा सवाल सुनकर वे कुछ उत्तेजित हो गये। आसपास के समर्पित लोगों को आघात सा लगा। मगर उनकी उत्तेजित ऊर्जा मुझे अच्छी लगी।" इस एस.एम.एस. ने अस्तित्व को हिला दिया। स्पष्ट हो गया कि सबकुछ छोड़ वहाँ जाने का समय आ गया है।

बैलेक्रोसिया में नौ दिन

27 फ़रवरी 2007

बैलेक्रोसिया, इटली

मिलान में सूर्योदय हो रहा है। हवाई जहाज़ से बाहर आने के बाद मैंने महसूस किया कि ठंड उतनी नहीं है जितनी बतायी गयी थी। योरपीय शीतकाल के बारे में वैसे भी कुछ ज़्यादा ही बोला जाता है। नीस के लिए जाने वाली उड़ान सुबह 10.10 पर है। काफ़ी समय है मेरे पास। अलइटालिया के लाउंज में मैं अपना समय गुज़ारता हूँ। मुकेश ने मुझे इटली के चोरों से सावधान रहने के लिए कहा था। यही वह लाउंज है जहाँ मुकेश का सारा पैसा चला गया था। लगता नहीं है कि दोपहर दो बजे से पहले यू.जी.को देख पाऊँगा। समझ में नहीं आता

कि उन्होंने मुझे क्यों बुलाया है। बॉब कहता है बुलावा है 'दुकान बंद करने के लिए।'

नीस की उड़ान का इंतज़ार ही कर रहा हूँ कि पंजाब के तीन नौजवान मेरे पास आते हैं। इटली के किसी छोटे क़स्बे के रेस्टॉरेंट में वे काम करते हैं। मेरे साथ खड़े होकर फ़ोटो खिंचवाते हैं और कहते हैं कि मुझसे प्रत्यक्ष मिलकर उन्हें बहुत ख़ुशी हुई है। पंजाब के चुनावों में कांग्रेस पार्टी की निराशाजनक स्थिति की ख़बर उन्हें यहाँ मिलान में मिल गयी है। मैं नदीम जावेद को नयी दिल्ली फ़ोन करता हूँ। कांग्रेस समर्थित नेशनल स्टुडेंट्स यूनियन का वह सर्वप्रिय अध्यक्ष है। उसकी आवाज़ में हताशा है। उसके डूबते हुए हौसले को बुलंद करने के लिए मैं कहता हूँ, "कांग्रेस का तो पता नहीं, मगर तुम्हारा भविष्य ज़रूर उज्ज्वल है नदीम।" हमें नीस ले जाने वाला हवाई जहाज़ छोटा सा है जेसे कोई खिलौना हो। वहाँ आसमान से नीस एक ख़ूबसूरत शहर लगता है। पहुँचने पर पॉल से मिलता हूँ। फ्रांस के इस प्रसिद्ध नगर के बाहरी हिस्से से जब हमारी कार गुज़रती है और बैलेक्रोसिया की तरफ़ बढ़ती है तो पिछले एक महीने की यू.जी.की स्थिति के बारे में उससे जो कुछ पता चलता है उससे ज़ाहिर है कि यू.जी.का स्वास्थ्य उठता गिरता रहता है। कुछ दिन वे बिल्कुल ठीक रहते हैं, उसके बाद स्वास्थ्य अचानक लगातार गिरता चला जाता है। पॉल की आँखों में जो कुछ है वह शब्दों में ज़्यादा बयान करता है।

जिस मकान में यू.जी.रह रहे हैं वह मुझे फ्रांसिस फ़ोर्ड कपोला की अमर शाहकार फ़िल्म 'गॉड फ़ादर' में दिखाये गये मकान की याद दिलाता है। यू.जी.की 'गुफा' के बाहर नीबू का फलों से लदा पेड़ है जो प्रहरी की तरह खड़ा है। दोपहर के भोजन का समय हो गया है। इस ख़ामोश से क़स्बे में सारी दुनिया से मित्रगण इकट्ठा हुए हैं ताकि

वे यू.जी.को अपना 'अंतिम गुडबाई' कह सकें। अचानक मैं और यू. जी.आमने सामने हो जाते हैं। अपने विशाल सफ़ेद काऊच पर भूरे रंग के एक बड़े तकिये के सहारे वे सिमटे सिकुड़े पड़े हुए हैं। उनका वज़न बहुत कम हो गया है। जो कपड़े उन्होंने पहने हैं, वे ढीले होकर उनके शरीर पर झूल रहे हैं। कमरे में काफ़ी धूप है। अचानक मुझे लगता है कि जाऊँ और उनके पाँवों को चूम लूँ। मैं ऐसा ही करता हूँ। पहली बार मुझे लगता है कि पाँव खींच लेने की शरीर में कोई प्रतिक्रिया नहीं हुई।

वातावरण को हलका करने के लिए मैं कहता हूँ कि, "ईश्वर का शुक्र है कि मुझे ना कहने की शक्ति उनमें नहीं है। यू.जी.आप मरेंगे नहीं। आप क्यों मरने की धमकी देते हैं मगर मरते नहीं हैं?"

उनका जवाब है, "यह मेरे हाथों में नहीं है, तुम्हारे हाथों में है।" इसके बाद हमेशा की तरह वे विषय बदल देते हैं। एक बहुत ही मामूली विषय को अपने गिरते हुए स्वास्थ्य से ज़्यादा महत्त्वपूर्ण बनाते हुए वे कहते हैं कि अपनी सारी प्रसिद्धि और शक्ति का इस्तेमाल कर मैं चंद्रशेखर, सुगुना और बुलबुल को इतालवी वीजा क्यों नहीं दिला देता। मैं समझाने की कोशिश करता हूँ कि ऐसा क्यों नहीं कर सका, लेकिन वे मेरी बात मानने को तैयार नहीं होते। उन्होंने हमेशा कहा है कि प्रसिद्धि और शक्ति का कोई इस्तेमाल नहीं होता तो वे बेकार हैं। मैं उनकी आँखों में देखता हूँ और पूछता हूँ, "आपका गुरु ज्ञान क्या है?" अनेक ऋषि मुनियों महात्माओं ने अलविदा के क्षणों में अपने भक्तों को ऐसा अमूल्य ज्ञान दिया जिसकी आधारशिला पर बीतते हुए समय के साथ अनेक उत्ताल धार्मिक संस्थाओं और धार्मिक आंदोलनों का निर्माण हुआ। लेकिन मेरा वरिष्ठ साथी जवाब में मेरी आँखों में ताकता हुआ सिर्फ़ इतना कहता है, "कोई गुरु ज्ञान नहीं है। मैं तुम्हें

बस गुडबाई कहने का इंतज़ार कर रहा हूँ।'' मेरे अंदर उनके लिए स्नेह का अपरिमित ज्वार सा उमड़ने लगता है। इस ज्वार को मैं सम्हाल नहीं पाता। पास जाकर मैं उनका माथा चूम लेता हूँ। कुछ झेंप कर वे बोल उठते हैं, ''एई।'' हमारे इस आदान-प्रदान को कमरे में बैठे लोग बड़ी दिलचस्पी और ऊष्मा से देख रहे हैं। उनकी तरफ़ देखकर यू.जी. पूछते हैं, ''तुम लोगों ने देखा, इसने क्या किया?'' अब उनका व्यवहार उस फ़िल्म निर्देशक की तरह हो गया है जो शॉट से संतुष्ट नहीं है। वे 'रिटेक' की माँग करते हैं। इसके बाद वे कुछ ऐसा कह डालते हैं जो उसके पहले अपने जीवन में उन्होंने कभी किसी से नहीं कहा। वे मेरी तरफ़ फिर औरों की तरफ़ देखते हैं, फिर मुझसे कहते हैं, ''मेरे पैरों पर फिर गिर जाओ।'' मैं आज्ञाकारी बालक की तरह उसकी आज्ञा का पालन करता हूँ। उनके पैरों की तरफ़ मैं इस तरह बढ़ता हूँ जैसे वही मेरा संसार हो। हौले-हौले उन्हें मलता हूँ। इस बार जो एक फ़र्क़ मैं महसूस करता हूँ वह यह है कि उनका दूसरा पैर मेरे सिर पर कुछ ऐसी झपकियाँ दे रहा है जैसी झपकियाँ देकर माँ अपने बच्चे को सुलाती है।

अपने पैरों पर खड़ा होते हुए मैं कहता हूँ, ''यू.जी.मरने वाले के मरने का यह तरीक़ा नहीं है।''

मेरी आँखों में झाँकते हुए कहते हैं, ''यही तरीक़ा है मरने का।'' संदेश साफ़ और मुखर है।

कुछ देर बाद मैं उनके पाँवों के पास उसी तरह बैठ जाता हूँ जैसे हमेशा बैठता हूँ। उनकी बातों को सुनता हूँ। दुबले तो बहुत हो गये हैं लेकिन उग्रता में कहीं कोई कमी दिखाई नहीं देती।

मुझसे पूछते हैं, ''किसी और हरामज़ादे की नक़ल क्यों करना चाहते हो तुम?''

मैं कहता हूँ , "हम लोग बस यही कर सकते हैं।"

"तुमको बस यही विश्वास दिलाया गया है, यही सिखाया गया है। संस्कृति ने तुम्हारे ख़ून में जो गंद भर दी है, वही तुम्हारा अस्तित्व बन गयी है। मानव-जाति के नेता और संस्कृति के रखवाले गंदगी में पूरी तरह डूबे हुए कुत्ते हैं। तुम्हारे जीवन की त्रासदी के लिए वे ही ज़िम्मेदार हैं। तुम कितना भी चाहो, कितनी भी कोशिश करो, यह कूड़ा-कचरा तुम्हारे अस्तित्व से बाहर नहीं निकल सकता।"

मैं पूछता हूँ, "तो संस्कृति क्या यह चाहती है कि आदर्शों के जो नमूने उसने पेश किये हैं तुम उसकी पूरी की पूरी नक़ल बन जाओ?"

मेरे सवाल के जवाब में वे अपना सवाल पेश कर देते हैं, "तुम्हें ऐसा बनाने में क्या वे सफल हुए हैं? ईमानदारी से जवाब दो, क्या वे सफल हुए हैं?"

"मैं ढोंग करता हूँ कि मैं उन जैसा बन गया हूँ। मैं अपने आपको और दुनिया को बेवक़ूफ़ बनाता हूँ। उन्होंने भी यही किया है। लेकिन ईमानदारी से कहूँ तो वे सफल नहीं हुए हैं। मैं अपने आदर्शों का मात्र ढोंग कर रह गया हूँ।"

इस मुद्दे पर आते ही वे लैरी मॉरिस की तरफ़ मुड़ते हैं। लैरी अमरीकन है। कवि तो है ही न्यू मैक्सिको के अलबूकर्क में एक चर्च का संचालन भी करता है। यू.जी. कहते हैं, "चर्च के अपने प्रबंधन-मंच से यह जो कुछ कहता है, उसका एक अदना अंश भी जीवन के उसके व्यवहार में शामिल नहीं है। वह उन बातों को मात्र इसलिए दोहराता है कि मात्र उसका जीवन-निर्वाह होता रहे। उसे ईसा मसीह को इसलिए धन्यवाद देना चाहिए क्योंकि उन्होंने उसके लिए जीवन-निर्वाह का एक आसान उपाय तैयार कर दिया है।"

मेरा ध्यान उनके दोनों पैरों की तरफ़ जाता है। वे बहुत ही पतले

हो गये हैं जैसे मांस-पेशियाँ उनमें हैं ही नहीं। कई दिनों से उन्होंने शायद ही कुछ खाया हो। उनके पैरों की तरफ़ देखते हुए मैं पूछता हूँ, "आपका कौनसा पैर टूट गया है।"

गूँजती हुई आवाज़ में वे कहते हैं, "टूटा नहीं है।" मैं फ़ौरन अपनी ग़लती सुधारता हूँ, "सॉरी। कि पैर में चोट लगी है।" वे अपने बायें पैर की तरफ़ इशारा करते हैं। मुझे यू.जी.की उस तस्वीर की याद आ जाती है जो दोस्तों ने मुझे भेजी थी। गिरने से पहले की तस्वीर थी। तस्वीर में वे फुटबॉल को अपने बायें पैर पर इस तरह संतुलित कर रहे थे जैसे कोई पेशेवर खिलाड़ी हों।

28 फ़रवरी 2007

बैलेक्रोसिया

रात बहुत आराम से गुज़री। थकान का नाम मात्र भी बाक़ी नहीं बचा। ख़ामोशी के बीच भूमध्य सागर की लहरों का गर्जन रह-रह कर गूँज जाता था। मेरी खिड़की के बाहर एक नीला विस्तार था जो क्षितिज तक फैला हुआ था। मेरे शरीर की घड़ी भारतीय समय के अनुसार काम कर रही है। मैं बिस्तर छोड़ देता हूँ। यहाँ सुबह के पाँच बजे हैं और मुंबई में सुबह के साढ़े नौ। नयी जगह की आदत डालना नये व्यक्ति से परिचय करने के समान है। इस छोटे से स्थान पर मैं नारायण मूर्ति के साथ रह रहा हूँ। वे कैलीफ़ोर्निया में दर्शन शास्त्र के प्राध्यापक हैं। वे मुझे बताते हैं कि कुकर का इस्तेमाल कैसे किया जाए और बाथटब के न काम करने वाले शॉवर से कैसे काम लिया जाए।

यू.जी. अपनी कुटिया को 'गुफा' कहते हैं। 'गुफा' के ऊपर सूर्योदय की लालिमा फैल गयी है। सुबह के पौने सात बजे हैं। कमरा

आगंतुकों से पूरी तरह भर गया है। मैं पूछता हूँ, ''रात कैसी गुज़री यू. जी.?''

''अपने काउच से उठकर सीट पर बैठ कर मैं शौचकार्य से निवृत्त हुआ।''

मैं कहता हूँ, ''कमाल है। ज़बरदस्त उपलब्धि है यह।''

तब अनायास चंद्रशेखर या बाबू हमारे वार्तालाप का विषय बन जाते हैं। यू.जी. कहते हैं, ''बाबू जूली की तरह है, ऑडियो और वीडियो कैसेटों को सँजोकर रख रखा है। उनसे छुटकारा पा लेना चाहिए।'' मैं बाबू को फ़ोन करता हूँ, शरारत से कहता हूँ कि वह इटली न आये क्योंकि बुज़ुर्गवार ने फ़ैसला कर लिया है, उनका सारा ख़ज़ाना उससे अलग कर देंगे।'' बाबू यह सोचकर घबरा जाते हैं कि बैलेक्रोसिया पहुँचने के बाद उनके साथ पता नहीं क्या होगा। घबरायी आवाज़ में फ़ोन पर कहते हैं, ''पर मेरे पास तो वे कैसेट हैं नहीं महेश। मैंने सब दे दिये हैं, सिर्फ़ उनकी नक़ल मेरे पास है।''

मेरे लिये कॉफ़ी का कप तैयार करते हुए लक्ष्मी कहती है, ''ये कहते हैं कि लोग अपनी ज़िंदगी से इन्हें बाहर कर दें। यही तरीक़ा है ऐसा करने का।'' लक्ष्मी गुहा की सुंदर पत्नी हैं। अमरीका में बसे हुए ये भारतीय पति-पत्नी न्यू जर्सी में रहते हैं और यू.जी.की आंतरिक मंडली के नियमित सदस्य हैं। यू.जी.ने घोषित कर रखा है कि जो भी व्यक्ति उनकी हत्या करेगा उसे वे तीन लाख डॉलर देंगे। वे लोगों पर निर्भर होना नहीं चाहते। बहुत उग्रता से ज़ोर देकर कहते हैं, ''तुम लोग लोगों की सेवा इसलिए करते हो ताकि ख़ुद को बड़ा महसूस कर सको। यह तुम्हारे दिमाग़ में भर दिया गया है कि असहायों की तुम्हें सहायता करनी चाहिए। जब जब असहाय कमज़ोरों की तुम लोग देखभाल करते हो, तो ''अच्छा काम करने के बड़प्पन'' का एहसास

मिलता है तुम्हें।''

पॉल लिन यू.जी.को तबसे जानते हैं, जब ''विपदा'' घटित नहीं हुई थी। वे कहते हैं, ''जब हम पूछते हैं कि क्या हुआ था तो कहते हैं कि उन्हें एक बात का पता चला था, वे यानी यू.जी.हैं ही नहीं। वे कभी थे ही नहीं।'' इस विचित्र और बेतुके वक्तव्य को मैं समझ नहीं पाता हूँ। यू.जी.की तरफ़ मुड़कर मैं पूछता हूँ, ''आपने यह बात गंभीरता से कही थी?'' विद्युत गति से यू.जी.मेरे सिर पर ज़ोर से मारते हैं। फिर शरारत भरी आवाज़ में पूछते हैं, ''अब बताओ, मैं हूँ या नहीं।'' सब लोग हँसते हैं। मेरे मुँह से कोई शब्द नहीं निकलता। उनकी इस उन्मादग्रस्त बुद्धिमता का मुक़ाबला करना असंभव है।

लक्ष्मी और गुहा की रवानगी का समय आ गया है। लक्ष्मी को ख़्याल है कि यह आख़िरी 'गुडबाई' हो सकती है। वही करती है जो उसका दिल कहता है। यू.जी.के पैरों पर गिरकर रोना शुरू कर देती है। वातावरण को हलका करने के लिए यू.जी.मेरी तरफ़ देखकर कहते हैं, ''अरे। देखो वह क्या कर रही है। रोको उसे।'' लेकिन मुझे मालूम है कि लक्ष्मी के इस उपक्रम के पीछे छिपी सच्ची भावनाओं का उन पर ग़हरा असर हो गया है। इसलिए मैं लक्ष्मी से कहता हूँ कि अपने आपको रोकने की कोई ज़रूरत नहीं, इतने वर्षों से जो उमड़ रहा है, उसे बह जाने दो। यू.जी. भी उस सुख के सामने समर्पण कर देते हैं। इसके बाद जीवन बिताने का तरीक़ा बताते हुए कहते हैं, ''जाओ। अपने बच्चों की देखभाल करो। बहुत ही होनहार हैं वे।'' गुहा हमेशा मुस्कराता रहता है। यू.जी.के शब्दों को आज गहराई से आत्मसात कर लेता है। उसकी आँखें अनायास आँसुओं से डबडबाने लगती हैं। इसके बाद बहुत गरिमामय ढंग से यू.जी.दोनों की तरफ़ विदाई का हाथ हिलाते हैं और उन्हें जीवन के प्रवाह में बहने के लिए छोड़ देते हैं।

पाश्चात्यों के लिए यह सब चौंका देनेवाला है। अंतर्निहित मानवीय भावनाओं की ऐसी मुखर अभिव्यक्ति देखने के वे आदी नहीं हैं। यू.जी.के स्वभाव के भी यह सब विपरीत है। अपने प्रति भावनाओं का ऐसा प्रदर्शन वे कभी नहीं होने देते। मुझे लगता है कि आने के बाद दो बार उनके पाँव छूकर वह बाँध मैंने तोड़ दिया है। मेरे इस उपक्रम ने वहाँ उपस्थित लोगों को साहसी और मुखर बना दिया है। लेकिन सच्चाई यह है कि यू.जी.हर उस चीज़ को स्वीकार करते हैं जो वास्तविक और प्रामाणिक हो। झूठी चीज़ों के लिए उनके पास कोई जगह नहीं है।

फ़ोन पर पूजा पूछती है, "पापा। यू.जी.कैसे हैं?" उसकी आवाज़ से मैं जान लेता हूँ कि वह सचमुच चिंतित है। मेरे सभी बच्चों में शायद मात्र वही है जो जानती है कि यू.जी.का मेरे लिये क्या मतलब है। यह भी सही है कि मेरे सभी बच्चों में वही है जिसने यू.जी.के सान्निध्य में सबसे ज़्यादा समय बिताया है। वह अब भी अपनी पहली अमरीकी यात्रा का ज़िक्र करती है जब वह सिर्फ़ अठारह साल की थी। यू.जी.ने इस यात्रा को उसके लिए अविस्मरणीय बना दिया था। उस समय उसने पहली बार चीज़ केक का स्वाद लिया था और यू.जी.के सौ डॉलर मार लिये थे। यू.जी. को यह मालूम था लेकिन उन्होंने इसका ज़िक्र नहीं किया। कभी जब पूजा के साथ मतभेद होते थे, यू.जी.हमेशा पूजा का पक्ष लेते और उसे सलाह देते थे, "पिताजी की बात पर ध्यान मत दो। वही करो जो तुम्हारा दिल कहता है।" इस बात से इनकार नहीं किया जा सकता कि लम्बा रास्ता चलकर पूजा आज जो एक निर्भीक व्यक्ति बनकर उभरी है उसके पीछे यही सचाई है कि अपने मानसिक गठन के वर्षों में वह यू.जी.के संपर्क में आयी थी। मज़ाक़ करते हुए मैं कहता हूँ, "यू.जी.ठीक हैं पूजा। फ़िक्र मत करो। इतनी

जल्दी वे नहीं मरेंगे।'' मेरा ख़्याल है कि मेरे अंदर भी कहीं कोई आशावाद है।

मेरे अंदर एक ज़बरदस्त इच्छा है कि किसी तरह यू.जी.को आराम पहुँचाऊँ। हाथ बढ़ाकर मैं उनके पाँव दबाने लगता हूँ। यू.जी. कहते हैं, ''पहले दुखता है, फिर अच्छा लगता है। और फिर वे अचानक वह करते हैं जो अब तक कभी नहीं किया। अपना दूसरा पाँव भी मेरी तरफ़ बढ़ाकर कहते हैं, ''अब इसको भी दबाओ।'' सभी लोग हतप्रभ हैं। मैं भी।

जैसे-जैसे शाम गहराती जाती है, फुसफुसाहट की आवाज़ों में एक ही चर्चा होती है, कि उनकी हालत सुधरती जा रही है। लेकिन पता नहीं क्यों, वह नवोदित आशावाद मेरे अंदर बैठे हुए भय को ख़त्म नहीं कर पाता। बाद में हमारे बुज़ुर्गवार टेलीफ़ोन पर अपने अमरीकी दोस्त बॉब से कहते हैं, ''बॉब। मैं दुकान बंद कर रहा हूँ। आकर मुझसे मिल लो।'' पॉल और मैं, हम दोनों एक-दूसरे की तरफ़ देखते हैं। उनका बॉब को बुलावा, हम दोनों को शुभ लक्षण नहीं लगता।

1 मार्च 2007

बैलेक्रोसिया

सरदी है और तेज हवाएँ चल रही हैं। दवा की एक बड़ी दुकान के बाहर लगी इलेक्ट्रॉनिक घड़ी में सुबह के 6.49 बजे हैं। इटली में यातायात दाहिनी तरफ़ से होता है, भारत की तरह कभी बायीं तरफ़ से नहीं। इस फ़र्क़ को मैं साफ़ देखता हूँ लेकिन मेरा मन आदत के जाल में फँसा हुआ है, वह इस नयी चीज़ का आदी होने में मुश्किल अनुभव

करता है। मुझे लगता है कि दैनिक जीवन की एक मामूली आदत को छोड़ने में जब मुझे इतनी मुश्किल हो रही है तो उस एहसास को मैं कभी कैसे छोड़ पाऊँगा, पिछले तीस साल से जिसके केंद्र में यू.जी.रहे हैं। मैं काँप जाता हूँ, लेकिन इसका कारण सरदी नहीं है।

मैं यू.जी.की 'गुफा' में दाखिल होता हूँ। मैं इसे 'गर्म कमरा' इसलिए कहता हूँ क्योंकि इसमें आग हमेशा जलती रहती है और सारे लोग हमेशा भरे रहते हैं। यू.जी.कह रहे हैं, ''लोगों को प्रतिष्ठा, साख और सीधेपन को मैंने कभी जीवन का आधार नहीं बनाया है। कोई घटिया आध्यात्मिक मसाला मैंने कभी नहीं बेचा, न ही किसी की भावनाओं का शोषण किया।'' फिर अचानक मेरी तरफ़ उन्मुख होकर कहते हैं, ''मेरी बेटी को वीसा मिल गया।'' उनकी आँखों में एक चमक है।

इस भीड़ में मैं सिड की तलाश कर रहा हूँ। सिड एक मुहब्बती अमरीकन है। एक ज़माने में वह नौसैनिक था और वियतनाम की सबसे ख़ूनी लड़ाइयों में उसने हिस्सा लिया था। पता लगता है कि मेरे आने से पहले ही वह आकर चला गया था। मेरे बुज़ुर्गवार कहते हैं, ''पता है महेश, मेरे पैरों पर गिरकर उसने कहा था ''कितना ज़्यादा प्यार करता हूँ मैं आपको यू.जी.।'' लगता है कि मैं जो लोगों को वह सब करने के लिए प्रेरित करता हूँ जो उनका दिल कहता है, असर कर रहा है।''

किचन में अजीब दृश्य है। सुबह सुबह लोग यहाँ आत्महत्या करने की बातें कर रहे हैं। मुझे कॉफ़ी की तलब लग रही है। पॉल को मेरी तलब का पता लग जाता है। उदार भाव से मेरे लिये कॉफ़ी बनाने लगता है। मैं कहता हूँ, ''यू.जी.को जब किसी यात्रा पर जाना होता है, अपना सामान वे पहले से बँधवाकर तैयार रखते हैं। उनका सामान तो

तैयार दिखाई नहीं देता। वे कहीं जाने वाले नहीं हैं।'' किचन में मौजूद सभी लोग सहमति में सिर हिलाते हैं। लिज़ा कहती है, ''लगता है सारे कबाड़ से वे छुटकारा पाना चाहते हैं।'' मेरा ख़्याल है कि अपने एक ही वाक्य में उसने वह सब कह डाला है हम सब जिसका अनुभव कर रहे हैं।

यू.जी.ने इरादा किया है कि आज वे तीन क़दम चलेंगे। चार सप्ताह एक ही जगह लेटे या बैठे रहने के बाद कल वे पहली बार कुछ क्षणों तक खड़े रहे थे। कालिदास का उद्धरण देते हुए मूर्ति कहते हैं, ''सात क़दम साथ चलने से दोस्ती शुरू होती है।'' यू.जी. लैरी से पूछते हैं, ''मैं जब पानी पीता हूँ तो मेरे शरीर में कम्पन क्यों पैदा होता है?'' लैरी बहुत कोशिश करता है लेकिन समाधान नहीं कर पाता। मैं अपनी डायरी में कुछ लिख रहा हूँ। यू.जी.डायरी में झाँककर देखते हैं और मेरा मज़ाक उड़ाते हुए कहते हैं, ''तुम इसे अंग्रेजी कहते हो?'' मेरे हस्तलेखन से उनका हमेशा मनोरंजन होता है क्योंकि मैं न पढ़े जा सकने वाले कैपिटल अक्षरों में लिखता हूँ। उसमें कोई विराम चिन्ह नहीं होता और वर्तनी या हिज्जे के हिसाब से काफ़ी गलत होते हैं। मैं महसूस करता हूँ कि वे लेटना चाहते हैं। मैं काउच में जगह बनाता हूँ। यू.जी.के काउच के ठीक सामने विख्यात इतालवी डॉन अल कपोन की तस्वीर लगी हुई है। यू.जी.कहते हैं कि धार्मिक गुंडा सरग़नाओं से ये लोग कहीं बेहतर हैं। वे काउच पर लेट जाते हैं। उनके पैर बीच-बीच में हिलते रहते हैं। कमरे में लोग आँखें बंद किये हुए बैठे हैं। लकड़ी की एक दीवार घड़ी पीछे टिक-टिक कर रही है। इस ख़ामोशी को चीरकर कहीं कोई कुरसी चरमराती है। मैं घूमने के लिए बाहर चला जाता हूँ।

विला में लौटता हूँ तो लिज़ा कहती है, ''अपने सारे पुराने ख़तों

की वे होली जला रहे हैं।" मैं तेज़ी से गुफा के अंदर पहुँचता हूँ। यू.जी. लैरी को ख़तों का एक पुलिंदा देते हैं। ये ख़त अनेक लोगों ने उनको लिखे थे। यू.जी.कहते हैं, "इन्हें आग में झोंक दो। आपका सारा सामान पहले जलना चाहिए, इसके बाद ही आपको जलना चाहिए।" लैरी जिसे "पहली खेप" कहता है, यू.जी.उसे ख़त्म कर देते हैं। परिपूर्णता का एक उच्छ्वास उनके मुँह से निकलता है। कमरे के दाहिने कोने में आग जल रही है। मैं ख़तों को जलता हुआ देखता हूँ। किसी समय इन्हीं ख़तों को यू.जी. ने "सोने के ख़त" (स्वर्णाक्षर) कहा था।

बाहर आकर मैं पॉल लिन से यू.जी. के स्वास्थ्य की स्थिति के बारे में पूछता हूँ। उसका जवाब है, "काफ़ी लम्बे समय तक चलेगी यह अलविदा, महेश। दो हफ़्ते चल सकती है, दो साल भी चल सकती है। सब कुछ इस पर निर्भर है कि उन्हें कैंसर है या नहीं।" जब से मैं बैलेक्रोसिया आया हूँ, एक ही बात देख रहा हूँ। बुज़ुर्गवार की दिलचस्पी न तो ज़िंदगी को पकड़ रखने में है, न ही उसे छोड़ देने में। लेकिन एक बात निश्चित है। किसी को भी वे साफ़-साफ़ अलविदा नहीं कहेंगे। अंदर से बुलावा आया है, यू.जी.हमें बुला रहे हैं। लम्बे समय के बाद वे चार क़दम चलेंगे। लेकिन वे सात क़दम चलते हैं। लुई कहता है, "आप जॉन वैन की तरह हैं।" अपनी फ़िल्मों में जॉन वैन असंभव को भी संभव कर देता है। यू.जी.की शारीरिक स्थिति को देखते हुए यह उल्लेख सही लगता है। इन तमाम दिनों लुई ही यू.जी. की देखभाल करता रहा है और अपना काम उसने बहुत ही अच्छे ढंग से किया है। बहुत जल्द "लुई माहात्म्य" सत्र शुरू हो जाता है। तारीफ़ उसे जल्द ही अस्थिर कर देती है। अचानक यू.जी.लुई के साथ कुश्ती लड़ने की मुद्रा बनाते हैं। कमरे के सभी लोगों के चेहरों पर

मुस्कराहट आ जाती है। वातावरण में बदलाव आ रहा है। यू.जी.कहते हैं, ''महेश। जब तक तुम वापस रवाना होगे, मैं दौड़ने लग जाऊँगा।'' वे मेरी तरफ़ देख रहे हैं। उनकी आँखों में ज़बरदस्त विश्वास झलक रहा है। इसके बाद काउच पर अपने आपको जमाते हैं। यह काउच उनका शिशु आसन बन गया है। वे पूछते हैं, ''मैंने परवीन को तुमसे बचाया या तुमको परवीन से?'' इस सवाल से मैं परिचित हूँ। वर्षों तक ऐसा हुआ कि यू.जी.जब जब मुंबई निर्देशक विजय आनंद के घर पर ठहरे। लंच खाते समय विजय आनंद ने भी उनसे एक बार यही सवाल पूछा था। यू.जी.का जवाब था, ''मुझसे जो कुछ हो सकता था, वह सब मैंने किया ताकि महेश पागलपन के उस जंजाल में न फँस जाए जो परवीन के साथ अकेले रहने की स्थिति में उसे घेर सकता है। मुझे मालूम था कि महेश के अंदर बड़ी क्षमताएँ हैं जिनको बचाने की ज़रूरत है। इसीलिए मैंने अपना बहुत समय देकर परवीन को उससे दूर किया।''

लिज़ा मुझसे पूछती है, ''सचमुच क्या परवीन ने तुम्हारी रजनीशी माला टॉयलट में बहा दी थी?'' किसी समय लिज़ा भी रजनीशी हुआ करती थी। ओशो से सम्बन्ध-विच्छेद के बारे में कई कहानियाँ हैं। जैसा कि अन्य ऐसी कहानियों के साथ होता है, हर कोई अपनी सबसे ज़्यादा पसंद की कहानी पर विश्वास करने लगता है। मैं जवाब देता हूँ, ''नहीं। हुआ यह था कि प्रेमियों में जो झगड़ा हो जाता है, किसी बात को लेकर वह हम दोनों के बीच हुआ था। झगड़े के दौरान उसने मेरी माला पकड़कर खींच ली। मैं जाने लगा तो माला टूट गयी। इसके बाद हम दोनों में सुलह हो गयी। माला के लकड़ी के बिखरे हुए काले मनकों को हमने इकट्ठा किया। फिर दोनों ने मिलकर उनको टॉयलट में बहा दिया। तुम्हें मालूम है कि माला टूटने से यू.जी.का दो

सौ रुपये का नुक़सान हो गया?''

''क्यों?'' लिज़ा को वह काफ़ी दिलचस्प लगा।

''क्योंकि माला के उन पवित्र मनकों ने सारे टॉयलट को ही बंद कर दिया था। मकान मालिक यू.जी.का परिचित था। दौड़ता हुआ यू. जी.के पास आया और उसने इसकी शिकायत यू.जी.से कर दी। तब एक सफ़ाईवाले को दो सौ रुपये देकर मनकों की सही सफ़ाई की गयी।''

मेरे दिमाग़ में उस आदमी की तस्वीर घूम जाती है जो आईने के सामने खड़े होकर लगातार अपने कोण बदलता रहता है ताकि अपने आपका 'सही' रूप प्राप्त कर सके। हम भी ऐसा ही करते हैं। जब किसी घटना का ब्यौरा देते हैं तो तथ्यों को बड़ी आसानी से तोड़-मरोड़कर देते हैं ताकि हम सच्चे, अच्छे और सही मालूम हों।

''हमेशा के लिए'' की धारणा पर यू.जी.पॉल लिन की ख़बर लेने लगते हैं। वे पूछते हैं, ''मैं हमेशा ज़िंदा रहना चाहता हूँ। ये डॉक्टर लोग मुझे क्या हमेशा के लिए ज़िंदा रख सकते हैं?'' सारा चिकित्सा उद्योग सिर्फ़ दो अभिव्यक्तियों के प्रयोग पर ज़िंदा है–''लंबे समय तक'' और 'जल्दी से'। समय जबसे शुरू हुआ है, मनुष्य ने अपनी सारी शक्ति इस बात में लगा दी है कि उसका सुख लम्बे और लम्बे समय तक चलता रहे तथा दु:ख ग़ायब हो जाए। यू.जी.की बात सही है। सारे चिकित्सा शास्त्री असफल हो गये हैं।–शाम का धुंधलका रात में तब्दील हो जाता है और उस दिन के यू.जी.सेल का परदा गिर जाता है। पॉल आर्म्स एक प्यारे से अमरीकी व्यक्ति हैं। लिज़ा और उनके साथ मैं बैलेक्रोसिया की सुनसान सड़कों पर भटक रहे हैं। आसमान पर चाँद ऊपर की तरफ़ जा रहा है। एक दो दिन में पूर्णिमा हो जाएगी।

2 मार्च 2007

बैलेक्रोसिया

यहाँ पहुँचकर मैं यू.जी.से पूछता हूँ, "रात कैसी गुज़री?" बैठते ही मेरा ध्यान इस तरफ़ जाता है कि कमरा पहले से ही लोगों से पूरी तरह भरा हुआ है। कोने के अलावघर में से आग की चमक निकल रही है। सूर्योदय होने जा रहा है। दूर गिरजाघर में घंटियाँ बज रही हैं और नये दिन के आरंभ की घोषणा कर रही हैं। पॉल लिन अब यह स्वीकार कर रहा है कि यू.जी.के निश्चित अंत के बारे में उसने जो कुछ कहा था, ग़लत हो सकता है। यू.जी.न तो ज़िंदगी को पकड़े हुए हैं और न ही धक्का देकर उसे दूर कर रहे हैं। वे सिर्फ़ तटस्थ भाव से बैठे हुए देख रहे हैं कि उनके शरीर का क्या होता है, जैसे कोई व्यक्ति फ़िल्म या सूर्यास्त देख रहा हो, तल्लीन मगर अंत की चिंता से निरपेक्ष।

लैरी मॉरिस यू.जी.से कहता है, "आपके जीवन में विश्राम का आज पहला दिन है।"

यू.जी.का प्रत्युत्तर है, "अगर ज़िंदगी का यह पहला ऐसा दिन है तो आपकी ज़िंदगी का आख़िरी दिन भी है।"

इस समय मूर्ति कमरे में दाख़िल होते हैं और कहते हैं, "गुड मॉर्निंग यू.जी.। कैसे हैं?"

यू.जी.तुरंत जवाब देते हैं, "अच्छा हूँ। आज मैं बाथरूम तक अपने आप चलकर जाने के लिए तैयार हूँ।" कुछ बाद मैं और पॉल लिन बाग़ीचे की धूप में बैठककर बुज़ुर्गवार के बारे में बातें करते हैं। पॉल कहता है, "ये साहब जादूगर हैं। इनकी हालत सुधरती जा रही है मगर ये बातें करते हैं दया-मरण की भी।"

कुछ देर पहले यू.जी.ने कहा था, "जन्म नाम की कोई चीज़

नहीं है, तो मृत्यु नाम की कोई चीज़ कैसे हो सकती है। मैं इस कथन पर विचार करता हूँ। मेरी समझ में आ जाता है कि माँ के गर्भ में जैसे ही जीवन का 'जन्म' शुरू हो जाता है, एक प्रक्रिया लगातार अपने को दोहराती जाती है। इस क्रिया की व्याख्या हम बच्चे के जन्म के रूप में करते हैं और इसे प्रारंभ कहकर पुकारते हैं। इसी तरह 'मृत्यु' भी एक प्रक्रिया है जो उस अवकाश में घटती है जिसे 'तुम' कहा जाता है। जब यह घटती है तो 'तुम' कहे जाने वाले रूप के विखंडन की ओर ले जाती है। इस विखंडन को हम "मृत्यु" कहकर पुकारते हैं। जब तुम इस प्रक्रिया में हस्तक्षेप करते हो तो वास्तव में जीवन के प्रवाह में हस्तक्षेप करते हो।

मैं कमरे में दाख़िल होता हूँ। पाता हूँ कि यू.जी. सो रहे हैं। उनके श्वासोच्छ्वास का स्वर तेज़ है और उसकी अपनी एक लय है। साँस लेने और छोड़ने के बीच एक ख़ामोशी है जो विस्फोटक लगती है। मैं देखता हूँ कि उस सफ़ेद काउच पर छोटी-छोटी काली चींटियाँ नाच और खेल रही हैं जिस पर वे सो रहे हैं।

आज सुबह जब किसी ने उन्हें मार डालने की कोशिश की तो यू.जी.ने चेताया था, "उन्हें मारो मत। वे मेरी सबसे अच्छी मित्र हैं। उनका जितना स्वागत है यहाँ, तुम लोगों का नहीं है।"

अपने बिस्तर के पास वे एक नेल कटर या नख-चूटणी ज़रूर रखते हैं। अपने नाख़ून सुज़न को दिखाते हुए कहते हैं, "कल नाख़ून काटे थे मैंने। देखो, वे फिर बढ़ गये। कितनी जल्दी बढ़ जाते हैं।" सारे कमरे में एक जीवंतता फैल जाती है। लेकिन वे फ़ौरन कहते हैं, "गिनती के दिन रह गये हैं मेरे पास।" एक ख़ामोशी फैल जाती है कमरे में। यू.जी.ने अपनी उँगली उस जगह रख दी है जिसका भय हमेशा बना रहता है। इसके बाद लुई का सहारा लेकर वे खड़े हो जाते

हैं और जगह पर ही चलने लगते हैं। मैं गाना शुरू कर देता हूँ, ''मेरा जॉनी घर आया...हुर्रा...हुर्रा।'' कमरे में सब लोग मेरा साथ देते हैं। हम लोगों की स्थिति उन माता-पिता की तरह हो जाती है जो बीमार बच्चे को अपने पैरों पर खड़ा कर देते हैं।

''इसके बाद...'' यू.जी.घोषित करते हैं, ''मैं उस ज़िंदगी की तरफ़ नहीं लौटूँगा जो पिछले नब्बे सालों से बिता रहा हूँ। ऐसा भी नहीं होने दूँगा कि मेरी पुरानी ज़िंदगी कुछ सुधरे हुए रूप में जारी रहे।'' उनकी यह घोषणा उस समय होती है जब आसपास के सब लोग एक झूठी धारणा क़ायम कर लेते हैं कि अच्छे दिन लौट आये हैं। थोड़ा अवकाश पाने के लिए मैं अपने फ़्लैट में लौट आता हूँ। रास्ते में भाई मुकेश को फ़ोन करता हूँ। मुकेश की सूचना है कि 'आवारापन' फ़िल्म की शूटिंग के लिए हमारे लोग बैंगकॉक के लिए रवाना हो गये हैं। अपनी फ़िल्म 'धोखा' 14 मार्च को शुरू करने की पूजा ने भी योजना बना ली है। मौसम थोड़ा गर्म हो रहा है लेकिन तेज़ हवाएँ अब भी जारी हैं। मेरे अंदर एक विचार कौंध जाता है...अगर उनकी ज़िंदगी बदलने जा रही है, तो मेरी ज़िंदगी वही क्यों रहे?

कुछ देर बाद लुई के साथ विला के लॉन पर बैठा हूँ। मुंबई से एक पत्रकार का फ़ोन आता है। वह बताता है कि अर्धनग्न फ़िल्में बनानेवाला एक निर्माता 'परवीन बॉबी' नामक फ़िल्म बना रहा है और धमकी दे रहा है कि परवीन का इस्तेमाल करने के लिए वह मेरा परदाफ़ाश कर देगा। यह ख़बर देने के बाद वह मुझसे मेरी टिप्पणी चाहता है। मेरा जवाब है, ''फ़िल्म काल्पनिकता पर आधारित होती है। किसी को भी इस पर कोई आपत्ति नहीं हो सकती, न होनी चाहिए। मैं तो ऐसा कभी नहीं करूँगा।'' मेरे जवाब से पत्रकार को निराशा होती है। जिस तरह के जवाब की आशा थी, उसे नहीं मिला। वह

दूसरा तरीक़ा इस्तेमाल करता है। परवीन की बदनामी के बारे में अपनी चिंता व्यक्त करते हुए कहता है, ''लेकिन परवीन की छवि को इस तरह ख़राब करना, वह भी उनकी मृत्यु के बाद बिल्कुल उचित नहीं है। आपका क्या ख़्याल है?''

मेरा जवाब है, ''परवीन को नुक़सान कोई कैसे पहुँचा सकता है? जो मर गये हैं उनको आप कोई नुक़सान नहीं पहुँचा सकते। पहुँचा सकते हैं?'' लुई मेरा जवाब सुनता है और मुस्कराता है।

यू.जी.कहते हैं कि उनके सिर में बोलने वाली 'आवाज़' वापस आ गयी है। वह मुझसे कह रही है महेश, ''चले जाओ...चले जाओ।''

मैं पूछता हूँ, ''चले जाओ। कहाँ चले जाओ, यू.जी.। वह आवाज़ आपको कहाँ जाने को कह रही है?''

''वह कह रही ''जाओ, मृत्यु स्वीकार कर लो। नब्बे वर्षों तक जी लिये। जीवन जो कुछ दे सकता है, उस सबका उपयोग कर लिया। अब चले जाओ।'' अब एक ही दिक्कत है। यह शरीर जाने के लिए अभी तैयार नहीं है।''

अब मूर्ति भी चर्चा में शामिल हो जाते हैं और पूछते हैं, ''मेरी समझ में नहीं आता कि आपको जाने से कौन सी चीज़ रोक रही है?''

अपनी बात दोहराते हुए यू.जी.कहते हैं, ''मेरा शरीर जाना नहीं चाहता।'' मैं महसूस करता हूँ कि यू.जी.के जवाब से मूर्ति संतुष्ट नही हैं।

मूर्ति अपने हाथ फाड़कर कहते हैं, ''एक अजीब गतिरोध है। ये अपने आपको मार सकते नहीं हैं। लेकिन अपने को ज़िंदा रखने के लिए कुछ खाएँगे-पिएँगे भी नहीं। बस धीरे-धीरे मुरझाकर ख़त्म हो जाएँगे।'' उनके शब्द कमरे में गूँज कर खो जाते हैं। यू.जी.कोई प्रतिक्रिया नहीं देते। हम लोग भी कोई प्रतिक्रिया व्यक्त नहीं करते।

बाहर एक पीला पपहला चाँद शाम के आसमान पर ऊपर आ गया है। कल रात मैंने जो चाँद देखा था, उससे यह कहीं ज़्यादा बड़ा है।

कुछ देर बाद पॉल आर्म्स मुझसे कुत्तों की चर्चा करता है। कुत्तों को जब पता चलता है कि मरने वाले हैं तो वे मरने के लिए कहीं एक कोना चुन लेते हैं। मूर्ति कहते हैं, "यू.जी.को कौन रोकता है ऐसा करने से?"

पॉल का जवाब, "एक काम अभी पूरा नहीं हुआ है। मित्रों से मिलना अब भी बाक़ी है।" मूर्ति इस जवाब से भी संतुष्ट नहीं हैं। ऐसा लगता है कि जब तक मैं लौटने लगूँगा, कुछ 'हो' जाएगा।

कुछ देर बाद यू.जी. खड़े हो जाते हैं और सारे कमरे का चक्कर लगाते हैं मेरे पास आकर मुझसे हाथ मिलाते हैं। सूरज का प्रकाश जैसे फिर फैल रहा है। मैं कौतुक करता हूँ...कब तक फैला रहेगा?

रात का खाना ख़त्म कर जैसे ही मैं उनके कमरे में वापस क़दम रखता हूँ, यू.जी. पूछते हैं, "सूप कैसा था?"

"बहुत अच्छा। लेकिन स्वाद से लगता है कि यह सूप मैंने पहले भी पिया है। यह इतालवी सूप था?" याद करने की कोशिश करता हूँ कि इतना बढ़िया सूप मैंने पिछली बार कब पिया था।

लिज़ का जवाब है, "अमरीकी सूप था।" इस जवाब पर यू.जी. मुस्कराते हैं।

फिर रात हो जाती है...सरदी लौट आती है। यू.जी. जब से बीमार पड़े हैं, अस्थिर कर देने वाला यह एहसास पहली बार मेरे अंदर जागता है कि अंत शायद पास आ गया है। चाहता हूँ, मेरा यह एहसास ग़लत निकले। मैं निहारता रहता हूँ, शाम गहराती जाती है और कमरे की ख़ामोशी के मिज़ाज में परिवर्तन आ जाता है। कमरे में मौजूद हम अधिकांश लोग महसूस करते हैं कि कहीं कुछ ऐसा है जो ठीक नहीं है। फ्रिज की हलकी

घरघराहट के साथ-साथ दूर चलने वाले आवागमन की आवाज़ें कमरे के वातावरण में फैल जाती हैं। और तब वे कमरे के उस कोने की ओर मुड़ते हैं जहाँ मैं बैठा हूँ। उनकी आँखों में एक चमक आ जाती है। बोल उठते हैं, ''ओह...तुम वहाँ हो।'' उनके शब्दों में जो प्यार है वह कमरे के मातमी वातावरण को एक गरमाहट से बदल देता है। दूर कहीं गिरजाघर की घंटियाँ बज रही हैं। अभी मुझे यह लग ही रहा था कि दिन ख़त्म हो गया है, कि उनका विदाई संदेश आ जाता है, ''शरीर न मरना चाहता है, न जीना चाहता है। शरीर के लिए न कोई जन्म होता है, न कोई मरण।''

पॉल, आर्म्स, लैरी मॉरिस, सुज़न और मैं...हम सब भूमध्य सागर के तट पर खड़े हैं। समुद्र शोर कर रहा है। हम लोग अपने अपने विचार एक दूसरे के सामने रख रहे हैं, कि यू.जी.की 'गुफा' में इस समय क्या चल रहा होगा। हवा थम सी गयी है। किसी बात में कोई तुक दिखाई नहीं देता।

3 मार्च 2007

बैलेक्रोसिया

यू.जी. की बेटी बुलबुल उनसे मिलने आयी है। वह असामान्य रूप से शांत है। सच तो यह है कि सालों पहले यू.जी.ने अपने बच्चों का त्याग कर दिया था। मैं यू.जी.से कहता हूँ, ''यू.जी.। आपका अतीत आपके पास लौट रहा है।'' किसी समय यू.जी. ने अपनी पत्नी पर दबाव डाला था कि वह बुलबुल का गर्भ गिरा दे, लेकिन पत्नी ने उनकी बात नहीं मानी। उनका कहना था, ''आर्थिक कारणों से यह ज़रूरी था।'' पैदा होने के बाद बुलबुल अपने पिता को अक्सर चिढ़ाती थी, ''देखो...मैं आ गयी...मैं आ गयी।''

मैं बुलबुल के लिए दरवाज़ा खोलने उठता हूँ और यू.जी.से

कहता हूँ, "अब उसे चाहिए कि वह उसी तरह आपकी हत्या कर दे जिस तरह आप उसकी हत्या करना चाहते थे।" तटस्थ भाव से यू.जी. कहते हैं, "मैं मारे जाने के लिए तैयार हूँ।"

दोपहर के भोजन का समय हो गया है। इस जगह का संचालन कुछ बहुत ही चुस्त सक्षम लोग करते हैं। एक छोटी-सी बोतल है। जो भी यहाँ ठहरता या ठहरती है, अपनी मरज़ी के मुताबिक़ राशि इसमें डाल देता है या डाल देती है। बारी-बारी से लोग ऐसा खाना पकाते हैं जो पका सकते हैं या पकाना चाहते हैं। नतीजा यह है कि यहाँ हमें हर तरह का बढ़िया भोजन मिलता है : अमरीकी सूप, इतालवी पास्ता, भारतीय उपमा और बहुत कुछ।

लैरी कहता है, "हम यहाँ सिर्फ़ इसलिए नहीं आये हैं कि यू.जी.को मरता हुआ देखें। हर व्यक्ति अपनी आख़िरी ख़ुराक लेने यहाँ आया है। कुछ ऐसा है जो यहाँ बहुत ही गहरे स्तर पर चल रहा है। हम उसे देखते या समझते नहीं हैं। लैरी को अपने कथन पर पूरा विश्वास है।

यू.जी.की 'गुफा' में क्या कुछ चल रहा है, इसकी कहानियाँ उन लोगों तक भी पहुँच जाती हैं जो बाहर हैं। चर्चा होती है, "एक दृश्य देखने से आप लोग चूक गये। बुलबुल ने यू.जी.के पैरों पर क्रीम से मालिश की। क्रीम वह उनके चेहरे पर भी लगाना चाहती थी, लेकिन उन्होंने रोक दिया।" लेकिन बुज़ुर्गवार ने आख़िर मंज़ूर कर लिया है कि बेटी उनकी सेवा करे। यह बेटी की ज़रूरत है। मुझे और लुई को बुलाया गया है कि हम आकर यू.जी.को चलता हुआ देखें। लुई की मदद से वे उठ खड़े होते हैं और सफ़ेद कढ़ाई वाले ग़ालीचे पर ठुमके वाला नाच शुरू कर देते हैं। फिर अचानक जे.कृष्णमूर्ति की नक़ल कर उनका मज़ाक़ उड़ाने लगते हैं। जे.के .एक सिपाही की तरह चल रहे हैं और मार्च कर रहे हैं। लेकिन बहुत जल्द यू.जी.को अच्छा लग रहा है।

बुलबुल कहती है, "मैं इनकी बेटी नहीं हूँ । मैं इनकी शिष्या हूँ।"

यू.जी.पतले से सूप का स्वाद लेते हुए कहते हैं, ''यू.जी.लौट आया है। स्वाद का मज़ा ले रहा है।''

मैं कहता हूँ, ''वाउ। अच्छे दिन लौट आये हैं।''

उनका जवाब है, ''थोड़ी देर के लिए। पदार्थ का साथ ख़त्म होते ही मैं याद नहीं कर सकूँगा कि सूप का स्वाद कैसा होता है। तुम लोग याद कर सकते हो। यह तुम्हारा दुर्भाग्य है।'' बिना किसी सहारे के काउच से उठ खड़े होते हैं और नाचने लगते हैं। बच्चे की तरह हैं जो अपने करतब दिखाकर ख़ुश होते हैं। कमरे में मौजूद सभी लोग तालियाँ बजाते हैं। मैं सीटी बजाता हूँ।

घड़ी की तरफ़ देखकर अचानक यू.जी.घोषित करते हैं, ''सवा आठ बज गये। गुडनाइट सर।''

एक डरा देने वाले झटके के साथ शाम ख़त्म हो जाती है।

4 मार्च 2007

बैलेक्रोसिया

सूर्योदय में एक मीठी सी ख़ुशबू है। नारंगी रंग की वर्दी सफ़ाई वाले पर निखर रही है। वह सड़कों की सफ़ाई में लगा है। यू. जी. की ''गुफा'' की तरफ़ जाते समय वही एक आदमी दिखाई देता है।

अपने लिये कॉफ़ी और क्रोमो की व्यवस्था करने जब मैं किचन में जाता हूँ तो गोल्डा बताती है कि ''वे और भी कागज़ जला रहे हैं।'' लगता है कि डेरा उखाड़ने की प्रक्रिया कई भागों में संपन्न की जाएगी। वहाँ भारत में लोग होली मना रहे हैं। मेरे मोबाइल पर लगातार शुभकामना संदेश आ रहे हैं। मित्रगण, व्यापार कर्मी, बहुत से अनजाने लोग सुखद और रंगीन होली की कामना मेरे लिये कर रहे हैं।

जैसे ही कमरे में दाख़िल होता हूँ, यू.जी.से कहता हूँ, "मेरा ख़्याल है कि चीज़ों को फिर जलाने लगे हैं।"

"मैं ख़ुद अपने को जलाने के लिए तैयार हूँ। इस शरीर के जलने से इसके अंदर का कार्बन बाहर आकर मिट्टी को ज़्यादा शक्ति प्रदान करेगा। शोर मचाने वाले यू.जी.नाम के फ़ालतू व्यक्ति की अपनी प्रकृति के लिए यह ज़्यादा उपयोगी होगा। नब्बे साल तक जीवन बिताया है मैंने। अब जाने के लिए बिल्कुल तैयार हूँ।"

आस्ट्रेलिया से रामभक्तों का टेलीफ़ोन आता है और कमरे का वातावरण बदल जाता है। ये ऑस्ट्रेलियाई हर सुबह फ़ोन करते हैं और यू.जी.के स्वास्थ्य का हालचाल पूछते हैं। "जय श्रीराम" के साथ वे यू.जी.का अभिवादन करते हैं। मज़ेदार बात यह है कि यू.जी.भी उसी तरह उनका अभिवादन स्वीकार करते हैं।

हमेशा की तरह आज भी वे यू.जी.के स्वास्थ्य का हालचाल पूछते हैं। यू.जी.बताते हैं कि उनकी हालत दिन-दिन सुधरती जा रही है। ऑस्ट्रेलियाई सुखद होली की शुभकामना देते हैं। यू.जी.इसका कोई जवाब नहीं देते, फ़ोन मेलिसा को दे देते हैं। मेलिसा कुशलता से बाक़ी बातचीत करके फ़ोन बंद कर देती है। लुई पिछली रात के चंद्र ग्रहण की बात करता है। दूर घंटियाँ बज रही हैं। लुई कहता है, "मत पूछ कि किसके लिए बज रही हैं, बस तेरे...तेरे...तेरे...लिए बज रही हैं ये घंटियाँ।" यू.जी.लुई को बार बार धन्यवाद देते हैं, कि वह उनकी इतनी अच्छी देखभाल कर रहा है। शरमा कर वह यू.जी. की बात को टाल देता है। मेरी तरफ़ देखते हुए यू.जी.कहते हैं, "रुपये पैसे का सारा हिसाब-किताब उसके साथ बैठकर साफ़ कर देना चाहता हूँ ताकि मेरे जाने के बाद कोई ग़लतफ़हमी न रहे।"

एक छोटा सा फ़िल्मोत्सव शुरू हो जाता है। किसी ने कुछ

छोटी फ़िल्में डाउनलोड कर ली हैं और अब कम्प्यूटर पर उन्हें दिखा रहा है। एक फ़िल्म ईसा पर है, संगीतात्मक है। अंत में दिखाया गया है कि न्यूयॉर्क की सड़कों पर दौड़ने वाली एक विशाल बस ईसा को कुचलकर निकल जाती है। सबका हँस-हँस कर बुरा हाल है। अगली फ़िल्म एक लड़के के बारे में है जो खाद्य पदार्थों के स्टोर में पागलों की तरह व्यवहार करता है। अपने नौजवान पिता को परेशान कर रहा है। मीठे पदार्थ ख़रीदने के लिए ज़िद कर रहा है। उसका व्यवहार बद से बदतर होता जाता है और वह फ़र्श पर लोटने लगता है। आसपास के सभी लोग अस्थिर हो रहे है। इसी समय दु:खी पिता के क्लोज़ अप पर अक्षर उभरते हैं। लिखा है,–'कोंडोम का इस्तेमाल करो।'

रविवार की सर्द सुबह है। अपने आसपास नज़र डालता हूँ। आसपास जो लोग बैठे हैं, निरुद्देश्य से बैठे हैं। हलकी फुलकी अप्रासंगिक फ़िल्में देख रहे हैं। लेकिन इस आदमी के लिए उनके मन में कितना प्यार है। यह कमरा कभी ऐसे संत महात्मा का कमरा नहीं लगा जो मर रहा हो और मरते मरते परम ज्ञान बाँट रहा हो। इसमें है ध्वंसात्मकता और अवमानना। 'मृत्यु के पलों' में यह आदमी पावनता धार्मिकता के उन तमाम विचारों का मज़ाक़ उड़ा रहा है, मानव-चिंतन ने जिन्हें यत्न से सँजोकर रखा है। लपट अब पहले से कहीं ज़्यादा तेज़ हो गयी है।

तीसरी फ़िल्म बंगलोर, भारत, से है। चंद्रशेखर तेलुगु में एक गीत गाते हैं। भावार्थ है,–'जो सूरज हाथी पर प्रकाश फैलाता है और जो सूरज कुत्ते पर प्रकाश फैलाता है, एक है।'' चंद्रशेखर ने सौ कविताएँ लिखने का लक्ष्य बना लिया है। अब तक पैंसठ कविताएँ हो चुकी हैं। उनकी कविताओं की सारी प्रेरणा आती है उस क्रुद्ध ऋषि से जिसे यू.जी.कहते हैं। सारा जीवन यू.जी.के आसपास अलग-अलग

संस्कृतियों और अलग अलग संसारों के लोग रहते आये हैं। ताज्जुब मुझे इस बात का होता है कि सभी के साथ वे गहराई तक घुलमिल जाते हैं, सभी के साथ घर जैसा अनुभव करते हैं। वे पानी की तरह हैं, हर रंग में रंग जाते हैं, हर चीज़ के अनुकूल अपने को ढाल लेते हैं, अपना रूप और रंग किसी पर थोपते नहीं हैं। धीरे धीरे मैं सुनने लगता हूँ कि बुज़ुर्गवार क्या कह रहे हैं। शरीर को वे ज़बरदस्ती धक्का देकर विदा नहीं कर सकते। वह कुछ इस तरह हैं कि सूर्य को आप ज़बरदस्ती ज़ोर देकर उगा नहीं सकते, फूल को आप ज़ोर देकर खिला नहीं सकते। यह प्रक्रिया उनके या किसी और के हाथ में नहीं है। इस प्रक्रिया में हस्तक्षेप करने की कोशिश जीवन के प्रवाह में गड़बड़ी पैदा करने की कोशिश है।

मैं इम्मी या इमरान हाशमी से बात करता हूँ। वह बैंगकॉक में है। ''आवारापन'' का पचीस दिनों का शूटिंग कार्यक्रम वहाँ शुरू हो चुका है। मैं उसे बताता हूँ कि जो ख़ास दृश्य आज शूट किये जाएँगे, उनमें उसका रवैया क्या होना चाहिए। बहुत ध्यान देकर इम्मी मेरी बात सुनता है। हमेशा ही वह एकाग्रचित्त होकर बातें सुनता रहा है। वह मुझे बताता नहीं है, लेकिन उसके अंत:करण में मेरी कुशलक्षेम को लेकर जो चिंता है, मुझ पर ज़ाहिर हो जाती है। वहाँ घर पर जो तमाम लोग मुझे जानते हैं, यह भी जानते हैं कि कैसी परीक्षा की घड़ियाँ हैं ये। पिछले वर्षों में उन्होंने खुद देखा है कि यू.जी.का मेरे लिये क्या मतलब है।

यहाँ बैलेक्रोसिया में सूर्योदय हो गया है। रविवार की सुबह है और गरमी काफ़ी तेज है। गिरजाघर की घंटियाँ बज रही हैं। यू.जी.की साँसों की आवाज़ काफ़ी तेज़ है। आसपास बैठकर लोग उन्हें देख रहे हैं। कुछ लोग ध्यान कर रहे हैं। मैं लिख रहा हूँ। बाहर फूल खिल रहे

हैं और मुरझाकर गिर रहे हैं। समय जैसे रेंग रहा है। बाहर सड़कों पर कोई एम्बुलेंस जा रही है। उनके सायरन की जानी-पहचानी तेज़ आवाज़ कमरे में गूँज रही है। इस क़स्बे में अक्सर यह आवाज़ गूँजती रहती है। कुछ पलों में ही ख़ामोशी लौट आती है। मैं फ़र्श पर ही लेटकर आराम करता हूँ।

अचानक यू.जी. कहते हैं, "मेरा शरीर सूख रहा है। कुछ गड़बड़ है। थोड़ा पानी दो मुझे।" पल भर के विश्राम से मुझे झकझोर देते हैं। लैरी यू.जी. को पानी देता है। वे तीन घूँट पीते हैं।

हंगरी की लड़की की तरफ़ चीख़कर कहते हैं, "ए...दरवाज़ा बंद कर दो। ताज़ी हवा में साँस लेनी है तो बाहर जाओ।" वह घबरा सी जाती है। यू.जी. कहते हैं, "ताज़ी हवा में साँस लेना तुम्हारी इंद्रियों की गतिविधियों का एक हिस्सा है। सेक्स करना ताज़ी हवा में साँस लेने से बेहतर है।"

मैं सोचता हूँ कि यू.जी. के मृत्यु लेख की पहली पंक्ति क्या होगी। इसके साथ ही अपराध-बोध भी होता है। मेरी माँ हमेशा कहती थीं कि बड़े बूढ़ों के लिए ऐसे ख़्याल मन में लाना बहुत बुरा है। मेरी माँ यू.जी. को बहुत पसंद नहीं करती थी। एक बार उसने मुझसे कहा था, "तुम इतने साल उनके साथ रहे, लेकिन उनका कोई असर तुम पर नहीं हुआ। क्यों?" यह सुनकर मुझे ग़ुस्सा आ गया, लेकिन यू.जी. मुस्कराते रहे। मृत्यु से कुछ महीने पहले अपनी दुविधा उन्होंने यू.जी. के सामने रखी। मृत्यु के बाद अपना शरीर क्या वे किसी अस्पताल को दान कर दें ताकि विद्यार्थियों के काम आ जाए? उनका भय यह था कि मुस्लिम आस्था के अनुसार अगर उन्हें दफ़न किया गया तो उनके बच्चों के सामने समस्या खड़ी हो जाएगी क्योंकि उनकी शादियाँ हिंदू घरों में हुई हैं। तब दुनिया को माँ का असली मज़हब मालूम हो जाएगा। ज़ोर

देकर यू.जी. ने कहा कि ''अपना शरीर वे अस्पताल को क़तई न दें क्योंकि मनुष्य के शरीर और उसकी सूक्ष्मताओं के बारे में वे जो कुछ पता लगाते हैं, अंत में वह उन लोगों के हाथों में पड़ जाता है जो मनुष्य के जीवन को नष्ट करने के लिए इस जानकारी का उपयोग करते हैं।'' उनकी बात सुनकर माँ की काफ़ी पुरानी समस्या हल हो गयी और उनके मन को काफ़ी राहत मिली। कुछ महीने बाद उनकी मृत्यु हो गयी। मृत्यु के समय उन्हें कोई तकलीफ़ नहीं हुई। यू.जी. के मृत्यु लेख (ओबीचुअरी) का ख़्याल मेरे दिमाग में कल मूर्ति ने डाला था। यह इस तरह हुआ कि अचानक बिना किसी कारण के, मेरे लेखन-कौशल की वे यू.जी. के सामने प्रशंसा करने लगे। मुझे शक है कि वास्तव में तब यू.जी.ही मूर्ति का इस्तेमाल कर रहे थे और मेरे दिमाग़ में यह बीज डाल रहे थे। कुटीर के बाहर से मैं यू.जी. को देखता रहता हूँ। वे काउच पर पड़े हैं और लोग उनके आसपास मौजूद हैं। अधिकांश ने अपनी आँखें बंद कर रखी हैं। पल भर को यू.जी. की आँखें मेरी आँखों से मिलती हैं। फिर वे अपना चेहरा दूसरी तरफ़ घुमा लेते हैं। एक ख़ूबसूरत चिड़िया अपना सुरीला गाना शुरू कर देती है। हमारी मेज़बान लुसिया कुछ दूर एक चादर पर इस्त्री कर रही है। उसके चेहरे पर प्यार और गर्मजोशी के भाव हैं। लुई तूफ़ानी गति से अचानक बाहर आता है और ज़ोरदार आवाज़ के साथ पीछे दरवाज़ा बंद कर देता है। मैं उसके पीछे-पीछे जाता हूँ, जानना चाहता हूँ कि आख़िर बात क्या है जो उसने ऐसा किया। उसके पास जाता हूँ तो पाता हूँ कि उसका चेहरा लाल हो रहा है।

पूछता हूँ, ''क्या हुआ लुई?''

गरज कर कहता है, ''ऊब गया हूँ मैं यहाँ रह कर। करने को कुछ है नहीं। बार-बार कहते रहते हैं, ''भागना मत...भागना मत।''

ठीक है। मैं अब भाग रहा हूँ यहाँ से।'' लॉन पार कर वह विला से बाहर निकलता है और ओझल हो जाता है। मैं घूमकर देखता हूँ कि मेलिसा की क्या प्रतिक्रिया है। वह मुस्कराती है, जैसे सब कुछ जानती है, फिर चली जाती है। मेरा ख़्याल है कि बुज़ुर्गवार लुई को आख़िरी हद तक ढकेल रहे हैं। यह लुई का तरीक़ा है जवाबी कार्रवाई का। मेरा साथ देने के लिए बिल्ली मीना आ जाती है। मुझे अपनी बेटी शाहीन का ख़्याल आता है। उसे बिल्लियों से बहुत प्यार है। बढ़ती उम्र की इस बिल्ली से वह ज़रूर प्यार करने लगती। मीना जब भी हमारी तरफ़ देखती है, कुत्ते की तरह ज़बान बाहर निकाल देती है।

यू.जी. चंद्रशेखर की तारीफ़ कर रहे हैं। जनरल मोटर्स ने चंद्रशेखर को अपने यहाँ काम करने की पेशकश दी थी, लेकिन चंद्रशेखर ने वह पेशकश ठुकरा दी क्योंकि वे अमरीका में रहना नहीं चाहते थे। लेकिन पेशकश ठुकराने की असली वजह यू.जी. थे। वैलेंटाइन की हालत गिरती जा रही थी और उनकी देखभाल ज़रूरी थी। यू.जी. ने पहले से ही योजना बना रखी थी कि इस क्रांतिकारी स्विस महिला की देखभाल का भार चंद्रशेखर और उसके परिवार को सौंप दिया जाए। इसीलिए बाबू के लिए यह निर्णायक कारण बन गया।

बुलबुल तेलुगु में यू.जी. से बहस कर रही है। वह उनके पैरों पर कुछ क्रीम लगाना चाहती है, कोशिश कर रही है कि वे मान जाएँ। लेकिन आज स्थिति कल से भिन्न है। कल उन्होंने बुलबुल की माँगों के सामने पूरी तरह समर्पण कर दिया था, जो वह चाहती थी, करने की छूट दे दी थी। लेकिन आज वे इस बात के लिए भी तैयार नहीं थे कि वह उनके पैरों को हाथ लगाये। इस उलटे व्यवहार पर मेरे ताज्जुब को भाँपकर लैरी मुस्कराता है और कहता है, ''यह दूसरा दिन है और हालात पूरी तरह बदल गये हैं।''

यू.जी. वैलेंटाइन का ज़िक्र करते हैं। उनकी इस पुरानी स्विस महिला मित्र ने उनके जीवन के एक ख़ास समय में बहुत बुनियादी भूमिका अदा की थी। यू.जी. कहते हैं कि उनके पूरे जीवन में एक ही क्रांतिकारी से उनकी मुलाक़ात हुई थी, वह थी वैलेंटाइन। मेरे मन में ख़्याल उठता है कि यह अतीत-व्यामोह या नॉस्टैलजिया तो नहीं है कि वे अचानक अस्पष्ट कारणों से पुरालेखागार में चक्कर लगाने लगते हैं। वे लुई के बारे में पूछते हैं। वह यहाँ नहीं है। तब वे यह दिखाने के लिए उठ खड़े होते हैं कि अपने दोनों पैरों पर खड़े होने के लिए उन्हें किसी की ज़रूरत नहीं है। लेकिन फिर मान लेते हैं कि वे चल नहीं सकते। किसी पर निर्भर न होने का उनका यह संकल्प बहुत ही प्रेरणादायी है।

हमारा सौभाग्य है कि हम इस गरिमा का साक्षात् कर रहे हैं जिसके साथ यू.जी.अपनी मृत्यु का आह्वान कर रहे हैं। उनका जीवन हम सबके लिए सचमुच एक बड़ा वरदान है। मैं अपने आपसे यह सब कह रहा हूँ कि पूरा क़स्बा गिरजाघर के घंटों की ध्वनि से प्रतिध्वनित हो उठता है जैसे 'साधु साधु' कर कर मेरी टिप्पणी का समर्थन कर रहा हो। अचानक उठकर वे हम सबको दिखाते हैं कि स्नानगृह तक अपने आप चलकर कैसे जा सकते हैं। एक हठी बालक की तरह व्यवहार कर रहे हैं। उनका कहना है, "लुई या अन्य लोगों की तरह किसी और पर मैं निर्भर नहीं होना चाहता। लेकिन गिरकर निर्भरता की पूरी क़वायद फिर शुरू करना भी नहीं चाहता हूँ।" पुरानी तीक्ष्णता के लौटने की शुरुआत हो रही है। उनका क्रोध फिर जाग रहा है। उनका पुराना प्रिय विषय जे.कृष्णमूर्ति, फिर आ गया है। वर्षों से जे.के. पर वे लगातार प्रहार करते चले आ रहे हैं जैसे महासागर की लहरें युगों से चट्टानों पर प्रहार करती आ रही हैं। कोने में बैठे मूर्ति शिकायत

कर रहे हैं, ''यह सब कहने में ही यू.जी. अपनी सारी शक्ति ख़र्च कर देंगे। बाद में जब हम लोग चले जाएँगे तो वे शक्तिहीन होकर गिर जाएँगे।''

दिन जैसे ही ख़त्म होता है यू.जी. अपने चावल या भात की माँग करते हैं। लुई वापस आ गया है। उसकी तरफ़ मुड़कर यू.जी. कहते हैं, ''तो मिस्टर...अगले आठ घंटों के लिए हम फिर बँध गये हैं।'' लुई एकमात्र व्यक्ति है जो रात को यू.जी. के साथ रहता है। यू.जी. कहते हैं, ''एक मुसीबत जाती है तो दूसरी आ जाती है। सभी मुसीबतों से छुटकारा मरकर ही मिल सकता है।'' प्लास्टिक के कटोरे से वे अपना भात खाने लगते हैं। घड़ी की टिक टिक जारी है। मैं उनके यह कहने का इंतज़ार करता हूँ कि 'आज का दिन ख़त्म' । लेकिन वे ऐसा न कहकर जे. कृष्णमूर्ति पर अपने प्रहार जारी रखते हैं। मैं समझ नहीं पाता हूँ क्या कुछ उनसे यह करवा रहा है। पिछले तीस साल से मैं यही देख रहा हूँ। इसी उग्रता से वे लगातार ये प्रहार करते आ रहे हैं। घड़ी की तरफ़ देखता हूँ। रात के आठ बजकर दस मिनट हुए हैं। दिन का अंत दिखाई नहीं देता। मैं चुपचाप बाहर चला जाता हूँ।

5 मार्च 2007

बैलेक्रोसिया

मैं परवेज मुशर्रफ़ के साथ डिनर कर रहा हूँ। मेरा बड़ा सौभाग्य है कि पाकिस्तान के नेता के साथ दुनिया भर के मुद्दों पर चर्चा कर रहा हूँ। मैं महसूस करता हूँ कि यू.जी.के बिना यह संभव नहीं होता। उन्हें धन्यवाद देना ज़रूरी है। लेकिन कोई चीज़ मुझसे कह रही है कि यू.जी. तो मर चुके हैं। एक भयानक एहसास है कि अंत हो चुका है। यह झकझोर

कर नींद से मुझे जगा देता है। सुबह के 5 बजे हैं। एक और दिन शुरू हो गया है। सपना मजबूर कर देता है कि मैं मूर्ति से चर्चा करूँ। मेरे लिए ज़रूरी हो गया है कि अपने अंदर के डरावने एहसास का ज़िक्र मैं किसी से करूँ। मेरे भावनात्मक आवेग को मूर्ति ध्यान से सुनते हैं। ज्ञानी या सिद्धि प्राप्त व्यक्ति की तरह वे निस्पृह हैं। वे ख़ुद अपनी भावनाएँ मुझे बताते हैं कि यू.जी. की आसन्न मृत्यु के विचार का सामना होने पर उन्हें कैसा लगता है। चर्चा के अंत में एक ही चीज़ मेरे पास रह जाती है...यू.जी. के प्रति अव्यक्त आभार का भार। मुंबई की भीड़ भरी सड़कों पर सैकड़ों बार कार पर हम साथ साथ गुज़रते रहे हैं। एक बार उन्होंने मुझसे कहा था, "अगर तुम समझते हो कि तुम्हारे लिये मैंने वह सब किया है जो तुम समझते हो और तुम्हें यह बना दिया है जो तुम आज हो, तो जाकर औरों के साथ वही करो जो मैंने तुम्हारे साथ किया है।" मैं समझता हूँ कि आभार के इस भार को उतारने का सिर्फ़ एक तरीक़ा है—इस असाधारण व्यक्तित्व ने मेरे अंदर जो आग जलायी है, वह मैं और लोगों के अंदर जलाऊँ। एक बार चेन्नई के पलवक्कम समुद्र तट पर हम लोग जब एक प्रकाशमय सूर्यास्त देख रहे थे तो उन्होंने मुझसे कहा था, "यह यू.जी. अपने पीछे कई 'संत' छोड़ जाएगा। संत लोग समाज की सेवा साधुओं से कहीं ज़्यादा करते हैं। जीवन का प्रतिबिम्ब जीवन से कहीं बेहतर है।" समझ में नहीं आता कि यहाँ इटली में बैठकर सूर्योदय देखते हुए क्यों मैं उन ख़ास पलों में लौट गया हूँ।

जैसे ही कमरे में दाख़िल होता हूँ, यू.जी. मेरा स्वागत इन शब्दों से करते हैं, "सुनाओ...क्या हो रहा है ?" सुबह के 6.50 हुए हैं और पूरा कमरा लोगों से भर गया है। लेकिन कमरे में एक ही आवाज़ प्रमुखता से सुनाई दे रही है, वह है घड़ी की टिक-टिक। उनकी बेटी

बुलबुल अचानक उठती है और उनके पैरों को छू लेती है। इसके बाद वह उन्हें दक्षिणामूर्ति कह कर पुकारती है और विनती करती है कि उन्हें नहलाने की अनुमति उसे दें। वह कुछ भी सुनने को तैयार नहीं हैं, कहती है कि अगर वे मेरी बात नहीं मानेंगे तो पानी लाकर वही यहीं इसी जगह उन पर उँडेल देगी। उनकी कुटिया के बाहर एक नये दिन का प्रकाश फैल रहा है। यू.जी. पीछे टिक कर काउच पर लेट जाते हैं। कहते हैं, ''बत्ती बुझा दो।''

अपने लिये एक कप कॉफ़ी तैयार करने उठ जाता हूँ। वे मेरी तरफ़ देखते हैं। मैं दरवाज़े से बाहर निकलने को होता हूँ, हाथ उठाकर मुझे 'हलो' या शायद 'गुडबाई' कहने की कोशिश करते हैं। काफ़ी दुबले लग रहे हैं, लेकिन हैं बहुत ही सौम्य। अँधेरे कमरे से निकलकर जब मैं चमकती हुई धूप में आता हूँ, तो मुझे लगता है कि उनकी यह छवि मेरे मानस-पटल पर हमेशा अंकित रहेगी।

अपने दुःस्वप्न के बारे में और आभार के गहन भार की अपनी अनुभूति के बारे में लिज़ा को बताता हूँ। वह कहती है, ''तुम बदले हुए नज़र आ रहे हो।''

मैं कहता हूँ, ''समझा कर कहो।''

मेरे चेहरे की तरफ़ स्नेह से देखते हुए कहती है, ''तुम पर से जैसे कोई भार उतर गया हो।''

वह ऐसा कह रही है, यह एक अजीब बात है। यू.जी. की गुफा की तरफ़ जाता हूँ तो लगता है कि जैसे पुरानी त्वचा का आवेष्टन मैंने उतार फेंका है।

बुलबुल कहती है, ''यू.जी.गस्ताद जा नहीं सकेंगे। बहुत कमज़ोर हो गये हैं। पाँव बहुत ही पतले हो गये हैं। चल नहीं सकते। क्या करें हम लोग?'' वास्तव में यहाँ उपस्थित सभी के मन में यही सवाल है।

इसका कोई जवाब नहीं है।

यू.जी. का सुबह का नाश्ता लेकर मेलिसा आयी है। लेकिन उसे वहाँ से हटाते हुए वे कहते हैं, ''नहीं। अभी नहीं। किसी भी खाने की कोई माँग अभी तक पैदा नहीं हुई है।'' यू.जी. की सबसे अजीब बात यह है कि वे नहीं के बराबर खाते पीते हैं, फिर भी शक्ति और ऊर्जा इतनी है कि कमरे में बैठे हम सभी लोगों को शरमिंदा कर दें। अचानक वे कम्प्यूटरों पर अपने आलोचनात्मक प्रहार शुरू कर देते हैं।—''ये सुपर कम्प्यूटर बहुत ही धीमे हैं। मानव कम्प्यूटर के साथ इनका कोई मुक़ाबला नहीं है। इस कम्प्यूटर विस्फोट ने सिर्फ़ वेब रोगी पैदा किये हैं।''

लुई बता रहा है कि आज सुबह साढ़े चार बजे क्या हुआ।—''आज सुबह यू.जी. ने बाथरूम तक जाने की कोशिश की और बेहोश हो गये। पूरी तरह बेसुध और शक्तिहीन हो गये। मैं समझ नहीं पाता हूँ कि हो क्या रहा है।'' लुई में कुछ ऐसा दिखाई देता है जो हममें से किसी में भी नहीं है। इसे संयोग कहें या इलहाम कहें, यह ठीक वही समय था जो मैं वह बुरा स्वप्न देख रहा था। या फिर यह मेरे बालीवुड दिमाग़ की खुराफ़ात हो सकती है जो इन दो बातों को जोड़ रहा है।

लिज़ा कहती है, ''देखो, वे मर रहे हैं और सब कुछ मृत्यु-प्रक्रिया का हिस्सा है। किसी भी चीज़ में अपने को अटकाना नहीं चाहते। हम लोग उनके आसपास रहकर अपने आपको तसल्ली देने की कोशिश कर रहे हैं, उन्हें नहीं। हम उन्हें पकड़कर रखना चाहते हैं, लेकिन वे जाना चाहते हैं।'' यहाँ जो तमाम बातें हो रही हैं कि बुज़ुर्गवार को अच्छा महसूस कराने के लिए क्या किया जाए लिज़ा उन्हीं का जवाब दे रही है।

कुछ देर बाद लिज़ा, मारियो और मैं यू.जी. की 'गुफा' के बाहर

धूप में बैठे बातें कर रहे थे। मैं सबको सलाह देता हूँ, "दिल में जो कुछ है, यू.जी. से कह डालो। आगे के लिए मत टालो।" संदेश उन्हें समझ में आ गया है। लिज़ा कहती है कि अगर वह अपना दिल खोलकर रखने की कोशिश करेगी तो ख़ुद टूट जाएगी। "तो टूट जाओ लिज़ा।" मेरी सिफ़ारिश है। बहुत जल्द इटली के बादल-विहीन आकाश पर सूरज ऊपर आ जाता है और गरमी बढ़ जाती है।

मैं फिर फ़ोन पर इम्मी से बातें कर रहा हूँ। आशुतोष राणा के साथ उसके पहले दृश्य को शूट किया जा रहा है। उनके अभिनय के सम्बन्ध में उसके लिए कुछ ज़रूरी बातें बताकर मैं फ़ोन बंद कर देता हूँ।

यू.जी. मुझसे कहते हैं कि मैं चंद्रशेखर को फ़ोन कर उनकी यात्रा-योजना के बारे में पता करूँ। मैं वैसा ही करता हूँ। वे कहते हैं, "बस।" चंद्रशेखर की बातें उन्होंने मोबाइल के स्पीकर फ़ोन पर सुन ली हैं।

इसके बाद अपनी वसीयत के बारे में वे मुझसे चर्चा करते हैं। "तुम्हारे जाने से पहले कुछ मिनट तुमसे बात करना चाहता हूँ। कब जा रहे हो ?" मैं जवाब देता हूँ, "आठ तारीख़ को।" वे पूछते हैं, "मेरी वसीयत की नक़ल है तुम्हारे पास?" "हाँ, है। मुंबई में।" मुझे याद आता है कि यू.जी. की वसीयत मैंने मुकेश के पास रख दी है। इटली के लिए रवाना होने से कुछ दिन पहले मुकेश ने वह मुझे दिखाई थी।

आप जब यू.जी. के पास होते है। तो जो वे कहते हैं, ठीक-ठीक वही करना पड़ता है। लोग कहते हैं कि मैं यू.जी. पर पूरी तरह निर्भर हूँ। बात उल्टी है। मेरा ख़्याल है कि पूरी तरह आत्म-निर्भर व्यक्ति ही अपनी ज़िंदगी के फ़ैसले दूसरों को सौंप सकता है, इसके बाद इसका

नतीजा भोगने के लिए तैयार रह सकता है। बहुतों को लगेगा कि मैं परस्पर विरोधी बातें कर रहा हूँ, लेकिन मेरे लिये ज़िंदगी का काम इसी तरह चलता है।

उग्र होकर यू.जी. पॉल आर्म्स से कहते हैं, ''जूली अपने आपको मुझ पर डालना चाहती है तो मैं उसे उठाकर बाहर फेंक दूँगा। मेरा हर फ़ोटा, मेरा हर टेप या मुझसे संबंधित हर फ़ोटो और हर टेप उसे अपने से दूर कर देते हैं। मैं वह परम ज्ञानी पाखंडी नहीं हूँ जो तुम लोग मुझे समझते हो।'' पॉल तो उन्हें सिर्फ़ जूली का संदेश दे रहा था। जूली ने पॉल को फ़ोन किया था कि वह यू.जी.को उसका संदेश दे दे। संदेश यह था कि अपने जिन फ़ोटो और टेपों को यू.जी.ने जला देने के लिए कहा था, उन्हें जूली ने एक सूटकेस में भर दिया है और इस सूटकेस को अपने से दूर कर देने के लिए वह तैयार है।

अमरीकी उच्चारण वाली तमिल महिला वेन्निला यू.जी. से पूछती है कि वह यहाँ रुके या चली जाए। उसके अनुसार लोग यहाँ उसकी उपस्थिति को पसंद नहीं कर रहे हैं। यू.जी.उससे कहते हैं कि वह बेझिझक यहाँ से चली जाए। वे कहते हैं, ''मुझसे या यहाँ और किसी से तुमको कुछ मिलेगा नहीं, क्योंकि तुमको इसकी ज़रूरत भी नहीं है। किसी ऐसी चीज़ की माँग तुम कैसे कर सकती हो जो तुम्हारे पास पहले से ही मौजूद है।'' अपनी बात करने के बाद अपने पुराने काग़ज़ों से छुटकारा पाना शुरू कर देते हैं, कोने में बने अलावघर में उन्हें झोंकने लगते हैं। महिला से जाने के लिए कहा गया है, वह फिर भी बैठी है। यू.जी. उसका समय बरबाद नहीं करना चाहते, उसकी इस झूठी आशा को बढ़ावा नहीं देना चाहते हैं कि उसे उनसे कुछ मिलेगा। झूठी आशा को ख़त्म करना ही शायद प्यार है।

मैं गुफा में दाख़िल होता हूँ, तो बुलबुल कहती है, ''तुम्हारे बारे में

पूछ रहे थे।'' वे लेटे हुए हैं। पल भर बाद उठ बैठते हैं और कहते हैं, ''थोड़ा पानी मिल सकता है?'' लगता है उन्हें दर्द हो रहा है। लुई आगे झुककर उन्हें पानी पिलाता है। अपने नीले मग से वे पानी की कुछ बूँदें पीने के बाद कहते हैं, ''मैं बस किसी गुफा में जाकर मर जाना चाहता हूँ।'' इधर कुछ समय से यह बात बार-बार कह रहे हैं। क्या यही वह गुफा है जहाँ जीवन का अंत होगा? क्या इसीलिए हम सब यहाँ आये हैं? ये वे सवाल हैं जिनका कोई जवाब नहीं है। यू.जी. भी यह नहीं बता सकते कि अगले पल क्या होगा। मैं चाहता हूँ कि इस गुफा में बैठकर अपने सारे प्यार की वर्षा उन पर कर दूँ। मैं देखना चाहता हूँ कि मेरा प्यार क्या चमत्कार कर सकता है। अचानक वे आँखें खोलते हैं और मेरी तरफ़ देखने लगते हैं। उनकी आँखों में धुँधलापन है। इसी समय अपना मोबाइल लेकर बुलबुल वहाँ आ जाती है। वह चाहती है कि यू.जी. उसकी पुत्रवधू से बात करें। यू.जी. मोबाइल में बोलते हैं। उनकी बातों में बहुत स्नेह हैं।

यू.जी. पूछते हैं, ''मेरे परपोते कैसे हैं?''

आवाज़ आती है, ''वे आपसे मिलना चाहते हैं।''

यू.जी. की आवाज़ में आश्चर्य है, ''मुझसे मिलना चाहते हैं। क्यों?''

आवाज़ पूछती है, ''आप मिलना चाहेंगे उनसे?''

यू.जी. कोई जवाब नहीं देते।

मैं बहुत ध्यान से उन्हें देख रहा हूँ। आज दर्द ज़्यादा है, यद्यपि वे ज़ाहिर नहीं होने देते। मुझे शंका होती है कि शायद उन्हें कैंसर है। जाने से पहले पॉल लिन कहता है, ''हमें इसका पता कभी नहीं चलेगा क्योंकि यू.जी. हमको कभी जाँच करने नहीं देंगे।''

उनके कमरे के सामने वाले कमरे में बैठकर मैं दुनिया की सारी ऊर्जा का आह्वान करता हूँ और उन पर उसकी बारिश करने लगता

हूँ। कमरे में मौजूद लोगों की भावनाएँ धीरे-धीरे बदलने लगती हैं। मुझे अच्छा महसूस होता है और यू.जी. सो गये हैं। उनकी साँसों की आवाज़ सुनता हूँ। घड़ी की टिक टिक जारी है। एक चिड़िया चहचहाने लगती है। अचानक शांति भंग हो जाती है। यू.जी. की आवाज़ गूँजने लगती है, ''शट अप...शट अप...शट अप...'' (चुप...चुप...चुप...।) मारियो ने यू.जी. की इस प्रिय झिड़की को रिकॉर्ड कर लिया है। अब उसकी विशेष रिंगटोन बन गयी है। इस आनंदमय मन:स्थिति को मैं अपने दिमाग़ में जिंदा करना चाहता हूँ, लेकिन अब इसमें वह जादू नहीं है।

आकाश पर हलका साँवलापन उतर आया है। मुर्ग़ाबियाँ अपने घरों की तरफ़ लौट रही हैं। मैं चुपचाप उनके पास बैठ जाता हूँ। मेरी तरफ मुड़कर पूछते हैं, ''महेश है क्या?''

''हाँ, महेश है।'' मैं जवाब देता हूँ। उनको देखकर मुझे उस शिशु की याद आ जाती है जो लोगों को नामों से पहचानने की कोशिश कर रहा है। थोड़ा रुक कर उठने की कोशिश करते हैं, फिर स्थिर होकर अपने सफ़ेद काउच पर बैठे रहते हैं। लगता है दर्द बहुत ज़्यादा है।

लैरी की तरफ़ मुड़कर कहते हैं, ''तो बॉस...?''

लैरी पूछता है, ''आप कैसे हैं सर?''

यू.जी. का जवाब है, ''बेवक़ूफ़ी से भरा हुआ सवाल है।''

लैरी चुप हो जाता है।

रात आठ बजे दिन ख़त्म हो जाता है। 'गुड नाइट' कहकर लोग उनके कमरे से जाने लगते हैं। मैं जाते समय तमिल में 'वणक्कम' करता हूँ। उसी गर्मजोशी और ऊर्जा के साथ वे भी कहते हैं, 'वणक्कम्'।

6 मार्च 2007

बैलेक्रोसिया

पटकथा लेखकों के लिए एक किताब है "स्टीलिंग फ़ायर फ्रॉम दि गॉड्स" ("देवताओं से आग कैसे चुराएँ?")। किताब में कथा कथन की शक्ति को उभारा गया है। किताब मेरी मेज़ पर पड़ी है। मेरी पटकथा है कि एक आदमी यू.जी. के पास उनकी आग चुराने के लिए आता है। लेकिन पता यह चलता है कि यू.जी. के पास कड़ी सरदी के अलावा कुछ नहीं है। और यहाँ यू.जी. की दी हुई जानलेवा सरदी के बीच मुझे पता लगता है कि ख़ुद मेरे अंदर बहुत गहराई में आग का एक कभी न बुझने वाला स्रोत है और वह मेरा अपना है।

आज बिलकुल अगल तरह के कपड़े पहने हैं...पूरा रंग राख का है। मैं कहता हूँ, 'नमस्ते।' आज बेहतर लग रहे हैं। चेहरे पर चमक है। मुझे बताते हैं कि "चंद्रशेखर को स्विस वीसा मिल गया है। गुरुवार की सुबह वे लोग यहाँ पहुँच रहे हैं।" इस ख़बर के साथ ही वीसा का वह गड़बड़ नाटक ख़त्म हो जाता है जो हफ़्तों से चल रहा था। वे कहते हैं, "मुझे ज़्यादा रोशनी चाहिए।" लोगों से कहते हैं कि परदे खोल दो। सूरज कहीं दिखाई नहीं देता। आसमान मटमैला है, ठंडा है और सुस्त है। सुज़न उठकर यू.जी. की नाड़ी देखती है। उसके अनुसार यू. जी. आज ठीक हैं। मेरे कानों में कहती है, "शायद थोड़े पानी की ज़रूरत है।" जानती है कि सलाह अगर डॉक्टरी पेशे के व्यक्ति से आएगी तो यू.जी. उसे ठुकरा देंगे।

अचानक मेरी तरफ़ देखते हैं और भोंकने लगते हैं, "ये बदकार पाखंडी उपदेश देते रहते हैं। ये धर्मगुरु लोग उपदेश क्यों देते हैं? उस पर ख़ुद अमल क्यों नहीं करते? जितने आश्रम हैं, सब चकले हैं।

चकले कम से कम जो कहते हैं, वह देते हैं। आश्रम तो खोखले शब्दों, झूठे वादों के अलावा कुछ नहीं देते। जाओ, अपना ब्रेकफ़ास्ट करो।'' इस फ़रमान के साथ सुबह के सत्र का पहला दौर ख़त्म हो जाता है।

दुनियादारी के कामकाज निबटाकर मैं लौट आता हूँ। ई-मेल ने हम लोगों की ज़िंदगी बहुत आसान कर दी है। गुफा में दाख़िल होते ही कहता हूँ, ''सलाम अलेकुम।'' मेरे इस अभिवादन से उनका ख़ासा मनोरंजन होता है। अफ़ग़ानिस्तान में तालिबान के पुनरुत्थान की ख़बर पढ़कर मैं कहता हूँ, ''शायद करज़ई भी अमरीकियों के ख़िलाफ़ हो गये हैं। यू.जी. कहते हैं, ''अमरीकियों को तो धरती की सतह पर से ख़त्म कर दिया जाना चाहिए। लेकिन दुर्भाग्य यह है कि अगर अमरीका ख़त्म हो जाएगा तो उसके साथ सारी दुनिया और जीवन के सारे प्रकार भी ख़त्म हो जाएँगे।'' वे पॉल आर्म्स से कहते हैं कि परदे खींच दो।

पॉल लिन अपनी यात्रा से वापस आ गया है। यू.जी. की नाड़ी देखता है। राय पूछने पर बात को टाल जाता है। यू.जी. ज़ोर देते हैं, तो पॉल इस तरह कहता है, ''हर चीज़ उसी तरह हो रही है जैसी होनी चाहिए और आप सामान बाँध रहे हैं।'' यू.जी. कंधे बिचकाते हैं। ख़ामोशी बहुत तीव्र है, चमड़ी को जलाकर अंदर तक जा रही है। जब मैं बैलेक्रोसिया आया था तो यू.जी.ने जो कहा था, मेरे दिमाग़ में गूँज रहा है। उन्होंने कहा था, ''तुम्हारे लौटने से पहले मैं दौड़ने लगूँगा।'' लेकिन बहुत कमज़ोर दिखाई दे रहे हैं, अपना वादा पूरा नहीं कर सकेंगे। मैं चमत्कारों में विश्वास नहीं करता हूँ, फिर भी इंतज़ार कर रहा हूँ कि शायद कोई चमत्कार हो जाए। बाहर घूमने चला जाता हूँ। बाहर बूँदाबाँदी हो रही है। मौसम और ठंडा हो रहा है। गुफा में लौट

आता हूँ और सब में शामिल हो जाता हूँ। ख़ामोशी। घड़ी की टिक टिक जारी है। यू.जी. के हाथ इस तरह हिलते हैं जैसे किसी नर्तक के हों। मैं उनका मतलब समझने की कोशिश करता हूँ। एयर इंडिया के पायलट कमल का फ़ोन आता है। ज़ाहिर है कि यू.जी. के गिरते स्वास्थ्य की ख़बर उसे मिल गयी है। इससे पहले कि मैं यू.जी. से पूछूँ कि वे उससे बात करेंगे या नहीं, यू.जी. हाथ हिलाकर साफ़ 'ना' कर देते हैं। कोई अनजान अजनबी उनसे अगर सिर्फ़ 'हैलो' कहना चाहता है तो सब कुछ छोड़कर उससे बात करेंगे, लेकिन वर्षों के अपने परिचित कमल को वे एक सीधी-सादी 'हाय' करने के लिए तैयार नहीं हैं। पुराने सम्बन्धों के बल पर कोई भी इस आदमी के पास नहीं जा सकता।

दो और घंटे बाक़ी हैं। इसके बाद परदा गिर जाएगा और लोग यू.जी. की गुफा से जाने लगेंगे। कल का दिन यहाँ मेरा आख़िरी दिन होगा। अपने गुरु के चरणों में बैठ जाता हूँ। सैकड़ों वर्षों से परम जालिमों के चरणों की पूजा हो तो रही है। सारी ज़िंदगी यू.जी. ने इस परंपरा का मज़ाक़ उड़ाया है, उस पर आलोचना के प्रहार किये हैं। उन्हें चिढ़ाने के लिए मैं अक्सर उनके पैर पकड़ लेता था। इस समय मैं उनकी साँसों की आवाज़ सुन रहा हूँ। दूर कहीं कोई कुत्ता भोंक रहा है। आँखें खोलकर वे मेरी तरफ़ देखते हैं। मैं मुँह बनाकर उन्हें चिढ़ाता हूँ। मेरे बच्चे जब बहुत छोटे थे तो मैं उन्हें इसी तरह चिढ़ाया करता था। यू.जी. मेरी उपेक्षा कर देते हैं।

वे पॉल लिन को बुलाकर कहते हैं, "अपने दर्द से निबटने के लिए ज़िंदगी भर मैंने किसी की मदद नहीं ली। तुम डॉक्टर लोग दर्द से निबटने में लोगों की मदद करते हो और पैसा कमाते हो। डॉक्टर लोग एक बला हैं, तुम लोगों को ख़त्म कर दिया जाना चाहिए। मरना

मेरी समस्या नहीं है। लेकिन तुम लोगों पर इस तरह की निर्भरता को मैं दोहराना नहीं चाहता। इस शरीर को मदद की ज़रूरत नहीं है। यह अपनी देखभाल ख़ुद कर सकता है।''

वे मेरी तरफ़ मुड़कर कहते हैं, ''अपनी वसीयत के बारे में तुमसे बात करनी है, दस मिनट चाहिए। मैंने सभी चीज़ों को आसान कर दिया है। तुम्हें बस उन पर अमल करना है।'' जाने से कुछ पहले मैं यू.जी. के पास जाता हूँ और पूछता हूँ कि चीज़ों को सुलझाने के लिए क्या मैं सुबह जल्दी आ जाऊँ?'' वे कहते हैं, ''इसकी ज़रूरत नहीं। बात करने के लिए हम समय निकाल लेंगे।''

अँधेरे में जब मैं नींद का इंतज़ार करता हूँ, यू.जी. के शब्द मेरे कानों में लौट आते हैं, ''इस बात में मेरी दिलचस्पी कभी नहीं रही कि अपने शरीर को किसी और तरीक़े से क्रियाशील करूँ। शरीर को पीड़ा से मुक्त करने के लिए मैंने कभी कुछ नहीं किया। यह शरीर पर ही छोड़ दिया है कि अपनी समस्या से वह ख़ुद निबटे।'' इन शब्दों को याद करते हुए मुझे लगता है कि मैं एक ऐसा सूखा पत्ता हूँ जो बड़े मज़े से विशाल महासागर की सतह पर तिर रहा है। अपनी असहाय स्थिति को उसने पूरी तरह स्वीकार कर लिया है।

7 मार्च 2007

बैलेक्रोसिया

मृत्यु के दिनों में मेरे बुज़ुर्गवार ने मुझे जीवन के प्रकाश से भर दिया है। यहाँ भूमध्य सागर से लगे इस अजनबी ख़ूबसूरत क़स्बे में मैंने जीवन के मर्म का स्वाद लिया है। अस्त होते हुए सूर्य के ख़ूबसूरत प्रकाश को तारों भरी रात के सुंदर दृश्य को और अनायास प्राप्त अनपेक्षित प्रणय

की स्मृति को एक सामान्य मानस-मन जिस तरह सँजोकर रखना चाहता है, मेरा मन भी यू.जी. की इन यादों को उसी तरह हमेशा के लिए पकड़ रख लेना चाहता है। भीगे और फिसलन भरे रास्ते सुनसान और ख़ाली हैं। मैं जल्दी-जल्दी यू.जी. की गुफा में पहुँच जाता हूँ। पहले की तरह ही वे अपने सफ़ेद काउच पर लेटे हैं।

आँखें खोलते हैं और उठकर बैठ जाते हैं, "ओह। तुम आ गये। चंद्रशेखर की कोई ख़बर?"

फ़र्श पर बैठते हुए मैं कहता हूँ, "नहीं।" कमरे में गरमी है।

मुझसे कहते हैं, "मैं दस मिनट तुमसे बात करना चाहता हूँ। मेरी वसीयत कुछ जटिल दस्तावेज़ है। मैं इसे आसान बना दूँगा और बताऊँगा कि क्या करना ज़रूरी है।" मेरी समझ में नहीं आता कि इतने सारे योग्य सक्षम लोगों के आसपास होने के बावजूद इस डरा देने वाले काम के भार के लिए उन्होंने मुझे क्यों चुना है। उनके ब्रेकफ़ास्ट का समय हो गया है। भारत के लिए रवाना होने से पहले लगभग चौदह घंटे का उनका साथ और है।

पॉल लिन से कहते हैं, "आओ ज़रा नाड़ी देखो मेरी।" बायीं तरफ़ की नाड़ी मुख्य होती है। यू.जी. की बायीं नाड़ी आज धीमी है।

चिंतित होकर पॉल कहता है, "यू.जी.। आपका वज़न कम होता जा रहा है।"

"तो क्या हुआ? वज़न के कम या ज़्यादा होने को लेकर तुम डॉक्टर लोग इतने परेशान क्यों होते हो? मैं तो मानता हूँ कि वज़न कम या ज़्यादा होने का कोई मतलब नहीं है। तुम लोग इसे ज़्यादा महत्त्व देते हो। इस सारे कूड़े कचरे की मैं परवाह नहीं करता।" मेरे सामने स्पष्ट है कि यू.जी. बस थोड़ी सी ऊर्जा चाहते हैं ताकि उन्हें किसी पर निर्भर न रहना पड़े। पॉल चुप है। यू.जी. ने सुबह जो खाया

था, यू.जी. का शरीर उलटी कर बाहर फेंक देता है। मेलिसा यू.जी. की मदद करती है। अपनी कृतज्ञता दर्शाते हुए यू.जी. कहते हैं, ''तुम्हें परेशान करने के लिए सॉरी।''

बहुत ही मधुरता से मेलिसा कहती है, ''बिल्कुल कोई परेशानी नहीं।'' यू.जी. के कृतज्ञता-ज्ञापन ने मेलिसा को विनम्र बना दिया है।

सुबह हो गयी है। शीशे की दीवारों वाले कुटीर के बाहर पहरा देने वाले नीबू का पेड़ आज अंदर झाँक रहा है। नये ताज़े नीबू फलों से वह लद गया है। एक ही दृश्य में दोनों चीज़ें दिखाई दे रही हैं, जीवन का ह्रास और विकास। यू.जी. कहते हैं, ''जन्म और मरण एक साथ घटित होते हैं।'' ह्रास क्या है? विकास क्या है? क्या ये परिवर्तन के दो अलग नाम नहीं हैं? सोनी ने मुझे एक सूची भेजी है—यहाँ से क्या-क्या चीज़ें ले जानी है। एक्स्ट्रा वर्जिन आलिव ऑयल (जैतून का तेल), आयरनिंग बोर्ड (इस्त्री के तख़्ते) के लिए कवर और ब्लैक लेबल व्हिस्की। ठीक है। काम करो, चीज़ें ख़रीदो, उनका इस्तेमाल करो और मर जाओ। इंसान इसी चक्र में फँसा हुआ है।

यू.जी. की एक और बुरी ख़बर है। वे पेशाब नहीं कर सकते। लुई कहता है, ''जाकर उनसे पूछना चाहिए कि अगर वे बेहोश हो गये तो हमें क्या करना होगा?'' विबोध, लुई और मैं---हम तीन लोग उनके कमरे में दाख़िल होते हैं। लुई चाहता है कि यह सवाल मैं उनसे पूछूँ। मेरी धड़कन थम सी जाती है, फिर भी पूछता हूँ, ''हमें आपसे यह सवाल पूछना है। अगर आप बेहोश हो गये तो आसपास के लोग क्या आपको सलाइन पर रखें?''

हाथ हिलाकर जवाब देते हैं, ''नहीं। मुझे वैसा ही छोड़ दो।'' कमरे में मौजूद हर व्यक्ति के सामने अपनी बात मुखर और स्पष्ट कर देते हैं।

मैं पूछता हूँ, ''अगर आपकी मृत्यु हो जाती है तो आपके मृत शरीर का हमें क्या करना चाहिए?''

''उसे कचरे के ढेर पर फेंक दो। मृत शरीर ज़िंदा शरीर से ज़्यादा उपयोगी होगा।''

तब अचानक वार्तालाप में एक भयावह मोड़ आ जाता है। वे घोषित करते हैं, ''मृत शरीर पर यू.जी. का हक़ नहीं होगा। साँस लेना बंद कर दे तो मुझे इसकी परवाह नहीं है। मैं इसके लिए कोई रक़म छोड़ कर नहीं जाऊँगा कि तुम लोग अंतिम क्रिया करो।'' हम लोग इतने हतप्रभ हैं कि उनके कथन पर कोई प्रतिक्रिया नहीं देते। कुछ बाद आसपास बैठकर लोग मज़ाक़ करना और हँसना शुरू कर देते हैं। अपने-अपने सुझाव देते हैं कि मृत्यु उपरांत स्थिति का सामना कैसे किया जाए।

लुई पूछता है, ''यू.जी.। आपको दफ़न करना होगा या जलाना होगा?''

मुस्कराकर कहते हैं, ''मैं परवाह नहीं करता। लेकिन लोग कह गये हैं कि ज्ञानी पुरुष को जलाया नहीं जाता।''

वे उठकर बैठ जाते हैं। लिज़ा से कहते हैं, ''वह फ़ोल्डर कहाँ है?''

''कौन सा?''

''जिसमें मेरी तस्वीरें हैं और मेरे जीवन की कहानी लिखी गयी है।'' इसके बाद वे फ़ाइल के पन्ने उलटने लगते हैं और विश्व की लगभग सभी भाषाओं में उन पर लिखी गयी किताबों के नाम ज़ोर-ज़ोर से पढ़ने लगते हैं।

मेरी तरफ़ देखते हैं तो उनकी आँखों में एक चमक सी है। कहते हैं, ''मैं खिन्न हो जाता हूँ। हिंदी में मुझ पर लिखी चार किताबें हैं।''

मैं स्पष्ट करता हूँ, ''चार में से दो तो मेरी किताबें हैं। मेरे

प्रोफ़ेसर मित्र जय दीक्षित ने उनका अनुवाद किया है।''

बहुत समय से यू.जी. का मत रहा है कि तमिल और उर्दू की तुलना में हिंदी एक फ़ालतू भाषा है। मुझे मालूम है कि यह मात्र दिखावे की मुद्रा है।

लुई बीच में बोल उठता है, ''यू.जी. आपको मालूम है कि आपको पेशाब किये सात घंटे हो गये हैं।''

उसकी चिंता को अवमानना के साथ ठोकर मारते हुए यू.जी. कहते हैं, ''सात को साढ़े सात घंटे कर दो। नाटकीयता ज़्यादा आ जाएगी।'' उनके लिए जो भी चिंता व्यक्त होती है, उसे इसी तरह ठोकर मार देते हैं।

लुई की तरफ़ मुड़कर कहते हैं, ''अरे, तुम पूछ रहे थे न कि मेरे शरीर का क्या किया जाए। मेरा सुझाव है कि काटकर इसके छोटे-छोटे टुकड़े कर गिद्धों को खिला दिये जाएँ।''

मुंबई से बॉब का फ़ोन है। बताता है कि हवाई जहाज़ का टिकट पाने में उसे दिक़्क़त हो रही है। यू.जी. कहते हैं, ''मेरे जाने से पहले आ जाओ बॉब। मैं तुम्हारा इंतज़ार कर रहा हूँ।'' बोलते बोलते उनका गला अवरुद्ध होने लगता है। खाया-पिया सब बाहर आना चाहता है। वार्तालाप अचानक ख़त्म हो जाता है। लगता है बॉब ज़रूर आएगा।

मेरे चेहरे को भाँपने की कोशिश करते हुए वे कहते हैं, ''क्या?'' वे समझने की कोशिश कर रहे हैं कि मेरे दिमाग़ में क्या चल रहा है। मैं जानबूझ कर हिंदी में कहता हूँ, ''कुछ नहीं।'' इससे वे फिर हरकत में आ जाते हैं। अपने भारी दक्षिण भारतीय उच्चारण के साथ हिंदी में कहते हैं, ''चुप रहो। हिंदी मत बोलिए।'' मैं रुक जाता हूँ। मगर इसके बाद मैं ज़ोर से हिंदी कहानी बोलना शुरू कर देता हूँ। यह एक मात्र हिंदी कहानी है जिसका पाठ वे कर सकते हैं। मैं एक छोटा सा

परिवर्तन कर देता हूँ। कहता हूँ, "एक गाँव में एक बुड्ढा रहता था। वह चल फिर नहीं सकता था।" मुस्करा कर वे शुरू की गयी मेरी हिंदी को पूरा करते हैं, "देखो, पूरब दिशा में सूरज निकल रहा है।" बस। यू.जी. को इतनी ही हिंदी आती है। यू.जी. मेरे लिये पूरब दिशा के सूर्य हैं।

कुछ बाद मैं विबोध से बातें करता हूँ। वह कहता है, "यू.जी. हमारे सामने जो कुछ कर रहे हैं, वह चमत्कार है।"

उसकी बात को समाप्त करते हुए मैं कहता हूँ, "हाँ। हम अंधे होंगे अगर इसको देख नहीं सकेंगे। यू.जी. हमें दिखा रहे हैं कि किस तरह विपरीत स्थिति में भी बिना ज़रा भी डॉक्टरी सहायता लिये मानव शरीर ज़िंदा रह सकता है। यह गौरव की वेला है।" यू.जी. से मैं तीस साल पहले उस समय मिला था जब उनके जीवन की मध्यान्ह वेला चल रही थी। इसके बाद कई मौसम निकल गये उनके साथ रहते। लेकिन आज का समय उनकी ज़िंदगी का सबसे उज्ज्वल समय है। मैं महसूस करता हूँ कि जीवन का यह ज्वार मेरे अस्तित्व के हर अणु में प्रविष्ट हो रहा है। हाँ। वे एक चमत्कार हैं।

मैं वह सब लिख रहा हूँ जो मेरे दिल पर गुज़र रहा है। इसी समय मारियो कहता है, "महेश। तुम्हारी ज़रूरत है।" मैं तेज़ी से यू. जी. गुफा में पहुँचता हूँ। पाता हूँ कि उनके मृत शरीर की अंतिम व्यवस्था को लेकर मज़ाक अब भी चल रहे हैं। काउच पर बैठे यू.जी. उनमें हिस्सा ले रहे हैं।

यू.जी.कहते हैं, "अरे लुई। महेश को ज़रा अपना कम्प्यूटर तो दिखाओ।" लुई एक ख़ूबसूरत मैकिताश निकालकर दिखाता है। उसकी सेवाओं का आभार मानते हुए यू.जी. ने उसे उपहार में दिया है। अक्सर कहते रहे हैं, "दुनिया पर मेरा कोई ऋण नहीं है।" इस प्यारे मज़ेदार

अमरीकी की सेवाओं को लौटाकर वे अपने कथन का प्रमाण दे रहे हैं।

पॉल लिन कहता है, "सवाल अगर का नहीं है, 'कब' का है। कल चंद्रशेखर के आने के बाद यह बहुत जल्द हो सकता है।" मौजूदा स्थिति पर यह पॉल लिन की टिप्पणी है। गुफा में घटित पलों को किसने कैमरे में बंद कर लिया है। अब वही दिखा रहा है। यू.जी. देख रहे हैं। उन्हें मज़ा आ रहा है। ज़िंदगी में पहली बार इन भयावह पलों से गुज़रना अपने आप में काफ़ी बुरा है। फिर उन्हें दोबारा देखना काफ़ी बड़ा प्रहसन है। हमारे जर्मन दोस्त मित्रा का आज चालीसवाँ जन्मदिन है। किचन में जो लोग मौजूद हैं, सबको चॉकलेट केक और इतालवी काफ़ी दी जा रही है। बाज़ू के कमरे में बुज़ुर्गवार धीरे-धीरे ख़त्म हो रहे हैं। बुलबुल कहती है, "उनका वज़न लगातार घटता जा रहा है। मेरी समझ में नहीं आता कि ग्स्ताद तक कभी कैसे जा सकेंगे। इस हालत में आठ घंटे का कार का सफ़र करने की उनमें शक्ति नहीं है।" बुलबुल ने बहुत कोशिश की कि उसके पिता डॉक्टरी मदद स्वीकार कर लें, मगर उनकी हठ के सामने बुलबुल की एक न चली। बुलबुल की तकलीफ़ है। लेकिन यू.जी. कहते हैं, "मेरे जाने से मनुष्य जाति का कोई नुक़सान नहीं होगा।" अगर यह टकराव नहीं है तो मैं नहीं जानता कि यह क्या है। सोनी ने इस्त्री के जिस तख़्ते (आयरनिंग बोर्ड) के कवर की माँग की थी, वह मैंने ख़रीद लिया है। मारियो और लिज़ा ने ख़रीदने में मेरी मदद की। अपने कमरे में लौटकर अपना सामान बाँधना शुरू करता हूँ। यह आदत मैंने यू.जी. से सीखी है। हर यात्रा से बहुत पहले वे अपना सामान बाँध लिया करते थे। मैं "करते थे" शब्द-प्रयोग करता हूँ तो वह मुझे चुभ जाता है। मैं अभी से भूतकाल का प्रयोग करने लगा हूँ।

कुछ पहले पॉल ने कहा था, "तुम्हारा एक क़दम तो अभी से

बाहर निकल गया है।'' मेरी इस यात्रा का अंत आ गया लगता है, यद्यपि कोई चीज़ मुझसे कह रही है कि हम लोग 'अंत' के अंत तक अभी नहीं पहुँचे हैं उन्हें देखने मुझे फिर आना होगा। कब, क्यों, कैसे...मुझे मालूम नहीं।

मैं यू.जी. को यह कहता हुआ सुनता हूँ, ''किसी की मदद करने के लिए मैं कुछ नहीं करूँगा। तुम लोग मेरी मदद करने के लिए यह सब इसलिए कर रहे हो ताकि ''अच्छा काम करने का'' एहसास प्राप्त कर सको। मैं ज्ञानी या सिद्ध पुरुष नहीं हूँ। तुम लोग यह सब यह समझकर कर रहे हो कि मैं ज्ञानी पुरुष हूँ।'' फिर मेरी तरफ़ मुड़कर कहते हैं, ''ओ... हम लोग अपना काम पूरा करने जा रहे हैं।'' इसके बाद वे समझाना शुरू कर देते हैं कि रक़म का वितरण किस तरह किया जाए। जो कुछ कह रहे हैं, उसका मतलब मेरी समझ में नहीं आ रहा है। आँकड़ों और रक़मों को समझने की बुद्धि मुझमें कभी नहीं रही है। लगता है कि इस स्थिति में पहुँचने के लिए मुझे एक पुल पार करना पड़ेगा। अचानक मुझे महसूस होता है, मेरा कोई अंश इंतज़ार कर रहा कि मेरे लिये बचायी गयी रक़म का ज़िक्र यू.जी. कब करेंगे। वे बिल्कुल कोई ज़िक्र नहीं करते। मैं यह ज़ाहिर करता हूँ कि मेरे लिये इसका कोई महत्त्व नहीं है। लेकिन मेरे अंदर जो संपूर्ण समर्पण-भावना है, जो अंधा प्यार है, यह स्थिति उसे छिन्न-भिन्न कर देती है। यू.जी. के इस कथन का सत्य मेरे सामने उजागर हो जाता है कि ''तुम्हारे सभी रिश्ते नाते एक कठोर प्रश्न पर आधारित होते हैं—इस रिश्ते से मुझे क्या मिल सकता है? जैसे ही तुम्हें महसूस होता है कि तुम्हें कुछ नहीं मिलेगा, तो रिश्ता घृणा, वितृष्णा और उदासीनता में बदल जाता है।'' यहाँ तक कि गुरु शिष्य सम्बन्ध भी लेनदेन पर आधारित है। इसका विपरीत भी सत्य है। मेरी अंतर्दृष्टि अपने ही

सामने मुझे नंगा कर देती है। चेहरे से नक़ाब हट जाता है तो अपनी नज़रों में मैं स्वच्छ और शुद्ध दिखाई देने लगता हूँ। शायद यही वह आख़िरी दृश्य था जिसका मैं इंतज़ार कर रहा था। फ़र्क़ बस इतना था कि जिस व्यक्ति से मुझे मिलना था, वह असल में मैं ख़ुद था। गुफा में लौटता हूँ तो अपने को काफ़ी हलका महसूस करता हूँ। हवा बदल गयी है। शाम के 6 बजे हैं। यू.जी. अभी तक सो रहे हैं दो घंटे बाक़ी हैं। अब शाम के 7 बज गये। यू.जी. अब भी सो रहे हैं। एक फ़ोन आता है जिसकी आवाज़ उन्हें जगा देती है। वे पानी माँगते हैं। मेरी तरफ़ देखकर पूछते हैं, "क्या हो रहा है?"

"आप बताइए।"

"मैं दौड़ नहीं सकता।"

"लेकिन आपने मुझसे वादा किया था...।"

कमज़ोर आवाज़ में कहते हैं, "संभव नहीं। जोखिम नहीं ले सकता।" जिस ढंग से वे ये शब्द कहते हैं, मेरा दिल टूट जाता है।

पूछता हूँ, "आपकी क्या योजना है?"

अपनी क्षीण काया की तरफ़ इशारा करते हुए कहते हैं, "मुझे नहीं मालूम। मैं दौड़ नहीं सकता।"

लेकिन मैं ज़ोर देता हूँ, "आपने मुझसे वादा किया था कि मेरे जाने से पहले आप दौड़ेंगे।" उन्हें उत्तेजित करने की कोशिश करता हूँ। और तब अचानक ज़ोर लगाकर वे अपने दोनों पैरों पर खड़े हो जाते हैं, मेरी आँखों में देखते हुए जगह पर ही दौड़ने लगते हैं। मैं देखता हूँ और हतप्रभ रह जाता हूँ।

बुलबुल पूछती है, "तो तुम वापस जा रहे हो महेश?"

मैं कहता हूँ, "अगर ये बुलाएँगे, तो ज़रूर आ जाऊँगा। इनके आदेश पर हर काम करता हूँ।"

शाम के सवा सात बजे हैं। ठीक उसी समय मुंबई के हवाई अड्डे पर जाकर यू.जी. के साथ होने के लिए चंद्रशेखर चेक इन कर रहे हैं। मैं उन्हें एस.एम.एस भेजता हूँ—"बाबू। कोई चीज़ है जो मुझसे कह रही है कि यह अंत नहीं है।" कुछ देर बाद मैं सुनता हूँ कि यू.जी. लैरी से ये जादुई शब्द कह रहे हैं, "दर्द ग़ायब हो गया है। इसकी जगह एक हलकी सी गुदगुदी बाक़ी है।" शाम के आठ बज गये हैं। रवाना होने का समय आ गया है। इंतज़ार करता हूँ कि एक के बाद एक, लोग वहाँ से चले जाएँ। यू.जी. के पास जाकर मैं कहता हूँ, "सुबह साढ़े चार बजे यहाँ से रवाना हो जाऊँगा। नीस के लिए रवाना होने से पहले आपसे मिलने आऊँ?" वे कहते हैं, "ज़रूर।" उनकी आँखें और भी बहुत कुछ कह रही हैं। बाहर आकर उन तमाम लोगों से गले मिलता हूँ, जिनके साथ अपनी ज़िंदगी के तीव्र भावनात्मक दिन मैंने बिताये। उन्हें अलविदा कहता हूँ। कुछ पल बाद बैलेक्रोसिया के सुनसान रास्तों से गुज़रते हुए मेरे अंदर एक एहसास जागता है, कि यू.जी. का खेल अभी ख़त्म नहीं हुआ है। आने वाले कल की सुबह बताएगी कि मेरा यह एहसास सही है या ग़लत।

8 मार्च 2007

बैलेक्रोसिया

बड़ी सुबह 4.15 का समय। अपने फ़्लैट के बाहर मैं मित्रा का इंतज़ार क़र रहा हूँ। अपनी गाड़ी से वह पहले मुझे यू.जी. के पास ले जाएगा, फिर नीस के हवाई अड्डे पर पहुँचा देगा। रास्ते गीले हैं। पिछली रात फिर बारिश हुई थी।

आते ही मित्रा पूछता है, ''बहुत इंतज़ार तो नहीं करना पड़ा?''

उसकी ऐश्वर्यशाली गाड़ी में बैठते हुए कहता हूँ, ''नहीं। एक मिनट पहले यहाँ आया हूँ।'' मुश्किल से एकाध मिनट का समय लगता है, हम यू.जी. की गुफा में पहुँच जाते हैं। पूरी विला अँधेरे में डूबी है, लेकिन यू.जी. की गुफा में उजाला है। मैं समझ जाता हूँ कि उठ गये हैं और हमेशा की तरह मेरा इंतज़ार कर रहे हैं। हलकी सी दस्तक देता हूँ। लुई रात को यू.जी. के साथ रहता है। उठकर अंदर आने का इशारा करता है। मैं धक्का देकर दरवाज़ा खोलता हूँ। लुई कह रहा है, ''यू.जी.महेश आये हैं।'' मैं दाख़िल होता हूँ। कमरा गर्म है। इससे पहले कि मैं उन पर नज़र डालूँ, मुझे उनकी आवाज़ सुनाई देती है। पक्षी के पंख की तरह कोमल और कमज़ोर है।

वे कहते हैं, ''तुमने मेरे लिये बहुत किया है। तुम्हें धन्यवाद देता हूँ। मुझे देखने के लिए भारत से इतनी दूर यहाँ आये। इसके लिए भी धन्यवाद।'' उनके शब्द मेरे हृदय को चीर डालते हैं।

अभिभूत होकर मैं कहता हूँ, ''मैंने आपके लिए कुछ नहीं किया यू.जी.।'' शब्दों के बजाय कहने के उनके ढंग ने मुझे हिला दिया है।

हमेशा की तरह चौबंद हैं। कहते हैं, ''महेश को हवाई अड्डे ले जाने के लिए धन्यवाद, मित्रा। नीस पहुँचने में डेढ़ घंटे का समय लग जाएगा। उड़ान कितने बजे है?''

मैं कहता हूँ, ''सात बजे।'' महसूस करता हूँ कि अलग होने का समय आ गया है। कहता हूँ, ''यू.जी.। मैं नहीं समझता कि दुकान बंद करने का समय आ गया है। आपके जाने का वक़्त अभी नहीं आया है। आपकी योजनाएँ क्या हैं? क्या गस्ताद जाने का इरादा है?''

लुई अँधेरे कोने में बैठा है। उसकी तरफ़ देखते हुए यू.जी. कहते हैं, "पता नहीं, इस तरह कब तक चलता रहेगा। इस व्यक्ति का मैं शोषण कर रहा हूँ। बहुत बढ़िया आदमी है यह। कितनी अच्छी देखभाल की है मेरी। तुम सब लोग कितने अच्छे हो। इस पर या और लोगों पर भार बन कर नहीं रह सकता मैं। इस तरह की ज़िंदगी जो मैं बिता रहा हूँ कि लोग आ रहे हैं, सुबह 5 बजे से रात 8 बजे तक मेरे पास बैठ रहे हैं, ख़त्म होनी चाहिए। यह चलती नहीं रह सकती।"

मैं लुई की तरफ़ देखता हूँ। हमारी बातचीत ने इसे गहराई तक द्रवित किया है।

उनको तसल्ली देते हुए कहता हूँ, "मगर यू.जी., निर्भरता जीवन का सत्य है।"

निर्भरता के मेरे जीवन-दर्शन को छिन्न-भिन्न करते हुए, "मनुष्य ही एक ऐसा प्राणी है जो अपनी जाति के दूसरे लोगों का फ़ायदा उठाता है। अन्य प्राणी वर्ग ऐसा नहीं करता है।"

मैं कहता हूँ, "लेकिन इस 'बढ़िया आदमी' को आपकी देखभाल करने में कोई ऐतराज़ नहीं है। आपने उसे कम्प्यूटर उपहार दिया है। आप अपना 'रोबोट' धन भी उसको दे सकते हैं। यानी वह पैसा दे सकते हैं जो आपने अपनी देखभाल करने वाले "रोबोट" के लिए रख छोड़ा है।"

उनका जवाब है, "हाँ... अगर वह मुझे रवाना कर दे तो सारा पैसा उसका हो सकता है।" हम लोगों के चेहरों पर मुस्कराहट आ जाती है। इतने दिनों से अपनी कही हुई इस बात को वे दोहरा रहे हैं कि मुझे मार डालो और सारा धन ले लो। जीवन की पावनता का मैं क़ायल नहीं हूँ। तुम लोग पहले नष्ट करते हो, जान ले लेते हो, फिर

जीवन की पावनता पर भाषण देते हो।

मैं घड़ी की तरफ़ देखता हूँ। मेरे जाने का समय हो गया है। यू. जी. की तरफ़ मुड़कर मैं वह सवाल पूछता हूँ जो मेरा दिल पूछना चाहता है, "आप मुझसे कुछ कहना चाहते हैं यू.जी.? मुझसे कुछ कराना चाहते हैं?"

मेरी आँखों में गहराई से झाँकते हुए कहते हैं, "हर चीज़ के लिए तुम्हें धन्यवाद देता हूँ महेश। अगर ज़िंदा रहा तो किसी दिन फिर तुमसे मिलूँगा।"

मैं कहता हूँ, "मेरी ज़रूरत पड़े तो मुझे फ़ौरन बुला लें। जब भी चाहें, जहाँ भी चाहें, मुझे बुला लें।" उनकी आँखों को मेरा संदेश मिल जाता है। और तब अंतिम विदा की उस भावना के साथ, जिसमें मुनष्य अपनी आख़िरी साँस खींचता है, मैं अपने सारे अस्तित्व को उनके चरणों पर डाल देता हूँ।

वे कहते हैं, "अरे, क्या कर रहे हो? मारूँगा मैं।" उनके शब्द मुझे रोकने की क़ोशिश करते हैं, मगर वे करते कुछ नहीं हैं। उनकी आवाज़ कहीं दूर से आने लगती है। इस पल में मैं पूरा डूब जाता हूँ। यह पल है प्रार्थना का पल, संपूर्ण समर्पण का पल, अपने अस्तित्व के संपूर्ण निषेध का पल। मेरे अधर उनके पाँवों को इस तरह चूमते हैं, जिस तरह कभी किसी चीज़ को नहीं चूमा। मेरा अंतस् धुल कर साफ़ हो जाता है। तब, जीवन को बदल डालने वाले इस पल से गुज़रने के बाद, मैं उठता हूँ, रवाना होने के लिए। मेरी तरफ़ वे अपना हाथ फैलाते हैं, कि मुझे छू सकें। इससे पहले ऐसा उन्होंने कभी नहीं किया।

"यात्रा सुखद हो और जैसा कि जे. के . कहते थे "सुरक्षित लैंडिंग" हो। यह शख़्स "लैंडिंग" के बारे में हमेशा ही चिंतित रहता था।"

सूर्योदय हो रहा है। एक आलोकमय आकाश नीस नगर पर एक नये दिन का आरंभ करता है। मैं अपने देश की तरफ़ रवाना हो जाता हूँ एक ऐसा जीवन बिताने के लिए जिसको आकार दिया, बनाया इस आदमी ने जो मेरे लिंये किसी भी ईश्वर से बड़ा है, जिसने मृत्यु के क्षणों में मुझे जीवन का स्वाद दिया।

9 मार्च 2007

मुंबई

मैं वापस आ गया हूँ। अजीब लग रहा है। जीवन के छूटे हुए धागों को फिर पकड़ने की कोशिश कर रहा हूँ। हर समय दिमाग़ में बुज़ुर्गवार छाये रहते हैं। गुहा को फ़ोन करता हूँ, ताकि मालूम कर सकूँ कि यू.जी. आज कैसे हैं।

गुहा की आवाज़ में मुस्कराहट है, "यू. जी. पूछते हैं, तुम अब तक मरे क्यों नहीं?" यू.जी. हमेशा इसी तरह मेरा अभिवादन करते हैं। इसका मतलब यह होता है कि मेरे सारे बड़बोलेपन के बावजूद कोई है जो मुझसे मिलने का इंतज़ार कर रहा है। यू.जी. के प्यार की ऊष्मा को मैं पाँच हजार मील दूर से महसूस कर लेता हूँ। गुहा से कहता हूँ, "उनसे कह दो कि मैं तब तक नहीं मरूँगा, जब तक वे नहीं मरेंगे।" गुहा यू.जी. के सामने मेरी बात दोहरा देता है। मैं महसूस करता हूँ कि गुहा यू.जी. के जवाब का इंतज़ार कर रहा है। लेकिन यू.जी. सिर्फ़ इतना कहते हैं, "ओह माई गॉड।" और वार्तालाप ख़त्म हो जाता है। मेरे लिए एक ही चीज़ निश्चित है। मैं तभी मरूँगा जब यू.जी. नामक यह व्यक्ति मेरे अंदर मर जाएगा क्योंकि मैं जो कुछ भी हूँ, मैं नहीं हूँ, वही हैं।

10 मार्च 2007

मुंबई

जब से यू.जी. बीमार पड़े हैं, आज पहली बार मुझे महसूस होता है कि रात हो गयी है। मैं फूट-फूट कर रोता हूँ। रात जैसे ही गहराती है, मैं फ़ोन उठा लेता हूँ और हर उस व्यक्तित्व को फ़ोन करता हूँ, जो यू.जी. के पास है। मैं जानना चाहता हूँ कि उनकी हालत कैसी है। मुझे उनकी आवाज़ में भय और अविश्वास की गूँज मिलती है। रात भर जागता रहता हूँ, करवटें बदलता हूँ। आख़िर सुबह 4.30 पर सोने का निश्चय करता हूँ। नहीं जानता कि आने वाला कल क्या लेकर आएगा।

11 मार्च 2007

मुंबई

गुहा को फ़ोन करता हूँ, "तुम कहाँ हो? यू.जी. की गुफा में हो या वहाँ जा रहे हो?" यहाँ सुबह के साढ़े दस बजे हैं और इटली में सुबह के छह।

"मैं यहाँ हूँ, ठीक उनके सामने।" इसके बाद की ख़ामोशी को मैं महसूस करता हूँ।

"आज सुबह वे कैसे हैं? लेटे हुए हैं?"

"नहीं, बैठे हैं, पलथी मारकर।"

अब सुनता हूँ, गुहा यू.जी. को बताता है कि मैं भारत से फ़ोन कर रहा हूँ। फिर गुहा कहता है, "पूछ रहे हैं महेश कि तुम क्या पूछना चाहते हो।"

मैं राहत महसूस करता हूँ कि वे अब भी दुनिया से जुड़े हुए हैं।

"कुछ पूछना नहीं चाहता। सिर्फ़ गुड मॉर्निंग करने के लिए फ़ोन किया।"

गुहा मुस्कराकर मेरे अभिवादन को दोहराता है, फिर कहता है, "वे सिर हिला रहे हैं।"

रात बीत गयी है। सुबह नयी आशाएँ लेकर आयी है। लेकिन आने वाला कल क्या लाएगा?

12 मार्च 2007

मुंबई

जब से यू.जी. की हालत गंभीर हुई है, मेरा मन उनसे एक सवाल पूछने की ज़िद कर रहा है। अब शायद मौक़ा आ गया है कि वह सवाल पूछ डालूँ। मैं पूछता हूँ, "यू.जी.। मैं जानता हूँ कि आपको ज़रा भी परवाह नहीं है, ज़िंदा रहें या मर जाएँ, मैं आपको देखने आऊँ या न आऊँ। लेकिन फिर भी मैं यह सवाल पूछता हूँ: आप चाहते हैं कि मैं बैलेक्रोसिया आ जाऊँ?"

मेरे जाने के बाद से चंद्रशेखर यू.जी. के साथ हैं। उन्होंने स्पीकर फ़ोन चालू कर दिया है ताकि यू.जी. मेरी आवाज़ सुन सकें। अब मैं उनका जवाब सुनता हूँ, "हाँ।" वे बाबू से कह रहे हैं, "उससे कहो कि यहाँ आकर मुझे विदा कर दे।" मुंबई में "धोखा" की शूटिंग की मेरी सारी योजना अचानक बदल जाती है। फ़ोन बंद करते ही मैं बैलेक्रोसिया लौटने की तैयारियाँ करने लगता हूँ।

आख़िरी खेल

13 मार्च 2007

मुंबई

यू.जी. पर मेरा लेख और मेरी इटली यात्रा का ब्यौरा आज के 'मिड डे' में छपा है। यह सामग्री मैं चंद्रशेखर, पॉल आर्म्स और जूली को भेज देता हूँ। न्यूयॉर्क से फ़ोन पर जूली कहती है, "बहुत मार्मिक है।" आज सुबह बाबू ने ज़ोर ज़ोर से पढ़कर लेख यू.जी. को सुनाया। जब वह पढ़ रहे थे तो यू.जी. ने कहा, "महेश अच्छा लेखक है।" लेख पर उनकी बस यही टिप्पणी थी। इसके बाद उन्होंने बाबू से कहा, "मैं थोड़ा सा खा रहा हूँ ताकि महेश से मिलने की शक्ति बाक़ी रहे।" मेरा भाई मुकेश बरसों से यू.जी. के साथ मेरे सम्बन्धों का गवाह है। लेख

पढ़कर कहता है, "आप दोनों की प्रेम-कहानी है यह।"

हवाई जहाज़ पर बैठने से कुछ मिनट पहले मैं यू.जी. की हालत के बारे में दरयाफ़्त करता हूँ। गुहा कहता है, "अपने काउच पर बैठे हैं। आँखें बंद हैं।" तुम्हें लेने हवाई अड्डे पर मैं आ रहा हूँ। कई चीज़ों पर तुमसे बात करनी है।" यह बाबू की आवाज़ है। फ़ोन बंद कर मैं हवाई जहाज़ की तरफ़ रवाना हो जाता हूँ। स्विस एयर की यह उड़ान मुझे ज़ूरिक ले जाएगी। वहाँ से मैं नीस और उसके बाद बैलेक्रोसिया जाऊँगा। मुझे लगता है कि यह यात्रा मेरे लिये सभी यात्राओं की माता साबित होगी।

14 मार्च 2007

ज़ूरिक

रात मुश्किल से कटती है। काली अँधेरी रात को चीरकर मेरा हवाई जहाज़ पाँच हज़ार मील का सफ़र तय करता है। मेरे दिमाग़ में एक ही ख़्याल है। इटली में यू.जी. का क्षीण शरीर काउच पर पड़ा होगा, यह कल्पना ही मुझे बेचैन कर देती है। हलकी सी आवाज़ के साथ मेरा विमान ज़ूरिक पहुँचता है। मैं जाग जाता हूँ। बाहर की दुनिया सर्द और उजाड़ लगती है। मेरा भारतीय फ़ोन जैसे ही स्थानीय नेटवर्क से जुड़ता है, मैं बाबू को फ़ोन करता हूँ। बाबू की आवाज़ बताती है, "सुबह साढ़े पाँच बजे यू.जी. ने मुझे बुलाया था। बहुत कमज़ोर हो गये हैं और बेचैनी अनुभव कर रहे हैं इटली में ख़र्च के लिए मुझे एक हजार यूरो दिये हैं। कह रहे थे कि महेश के आने तक मुझे ज़िंदा रहना है।"

"उनसे कहो बाबू, कि अपने को सम्हाल रखें। कहो कि मैं आ रहा हूँ। कहो कि मुझसे मिले बग़ैर अगर उन्होंने पृथ्वी छोड़ने की

हिम्मत की तो मैं उनकी जान ले लूँगा।''

मैं महसूस करता हूँ कि बाबू मुस्करा रहे हैं। ''अपने को सम्हाल रखेंगे महेश। ज़रूर रखेंगे।''

नीस ले जाने वाली उड़ान 8.50 पर है। अभी 7.30 बजे हैं। उड़ान के इंतज़ार ने इससे पहले कभी इतनी तकलीफ़ नहीं दी। ज़ूरिक के सुनसान हवाई अड्डे पर मैं बेचैनी से टहलता रहता हूँ। उस बातचीत को याद करता हूँ जो 1 मई 2004 को फ़ोन पर यू.जी. के साथ हुई थी। यह उस समय की बात है जब भारत में अफ़वाह फैली थी कि बुज़ुर्गवार बीमार हैं और बहुत जल्द उनकी मृत्यु हो जाएगी।

मैंने पूछा था, ''यू.जी., आप बीमार हैं?''

उनका जवाब था, ''बहुत ज़्यादा। अंदर पानी सूख गया था (डिहाईड्रेटेड)। अठासी साल का हो गया हूँ। काफ़ी जी लिया। जाने के लिए तैयार हूँ। लेकिन सच तो यह है कि अब पहले से बेहतर हूँ। फ़िक्र मत करो। जाने से पहले तुमसे ज़रूर मिलूँगा। तुम एकमात्र व्यक्ति हो, जाने से पहले जिससे मिलना चाहूँगा।''

मैं कहता हूँ, ''सब कुछ छोड़कर आपके पास आऊँगा।''

वे दोहराते हैं, ''धन्यवाद। मैं तुम्हें बुलाऊँगा।'' यह एक क़रार था जो हम दोनों के बीच उस समय हो गया था।

मैं फ़ोन पर गुहा से पूछता हूँ, ''मैं हवाई जहाज़ पर जा रहा हूँ। उनकी हालत कैसी है?''

गुहा कहता है, ''पानी पीना बंद कर दिया है।'' उसकी आवाज़ में परेशानी है। फुसफुसा कर बोल रहा है। मेरा छोटा सा हवाई जहाज़ आल्प्स की ढलानों पर से गुज़र रहा है और मेरे अंदर यह डर घर कर रहा है कि शायद मैं समय पर न पहुँच पाऊँ।

जल्दी-जल्दी इमीग्रेशन से बाहर आता हूँ। नीस के छोटे से

हवाई अड्डे में दाख़िल होता हूँ। बॉब, पॉल और मारियो मुझे लेने के लिए इंतज़ार कर रहे हैं। हमारे ग़ैररस्मी व्यवहार के पीछे एक अव्यक्त भय काम कर रहा है : आख़िरी क्षण हमारे सामने कब आएगा? नीस से बैलेक्रोसिया के रास्ते में हम लोग इस बात की चर्चा करते हैं कि क्या हो रहा है। इन लोगों ने देखा है कि कोई चीज़ घटित होने वाली है जिसका मुझे पता नहीं है, यह धारणा मेरे अंदर मज़बूत हो जाती है।

14 मार्च 2007

बैलेक्रोसिया

कार विला पहुँच जाती है। मैं तेज़ी से बाहर निकलता हूँ और यू.जी. की गुफा की तरफ़ बढ़ जाता हूँ। अंदर दाख़िल होने से पहले ही महसूस करता हूँ कि गुफा के अंदर का माहौल गंभीर है। पाता हूँ कि वे उसी काउच पर पड़े हैं जिस पर आठ तारीख़ की सुबह मैंने उन्हें छोड़ा था। अब छह हफ़्ते हो गये, वे उसी स्थिति में काउच पर पड़े हुए हैं। उनसे थोड़ा हटकर फ़र्श पर बैठ जाता हूँ। सुगना की आँखों में आँसू भरे हुए हैं, कुहनी मार कर मुझे आगे करती है और कहती है, "उनसे बात करो।"

मैं आवाज़ देता हूँ, "यू.जी.।" कोई जवाब नहीं आता। डर जाता हूँ कि अब कभी उनकी आवाज़ नहीं सुनूँगा। उनके चरणों को पकड़कर भावावेग में उन्हें चूमता जाता हूँ। मेरी आँखों में आँसू लगातार बढ़ते चले जाते हैं। अचानक वे बोलना शुरू कर देते हैं।

"वापस आने के लिए धन्यवाद महेश। स्विट्ज़रलैंड के मेरे बैंक खाते का मुख़्त्यारनामा अब भी तुम्हारे पास है। सारा पैसा निकाल लो। जो पैसा मेरे जन्मदिनों की भेंट के रूप में आया है, बस उसे खाते में छोड़ दो। कुछ समय बाद बाक़ी पैसे का जो करना हो करो।"

मैं सपने में भी नहीं सोच सकता था कि इन क्षणों में वे रुपये पैसे की बात करेंगे और बताएँगे कि मुझे क्या करना है। फिर भी मैं कहता हूँ, "बाबू की एक समस्या है। वे जानना चाहते हैं कि बंगलोर के आपके कमरे का क्या होगा।"

मासूमियत के साथ पूछते हैं, "मेरा कमरा?" मैं जबसे उन्हें जानता हूँ, मुझे मालूम है कि इस धरती पर कोई जगह उनकी अपनी कभी नहीं रही। वे हमेशा सफ़र करते रहे हैं। एक जगह से दूसरी जगह गुज़रते रहे हैं।

दृढ़ता से बाबू कहते हैं, "हाँ, आपका कमरा यू.जी.। आपने ही उसे किराये पर लेने के लिए कहा था और कहा था कि इसके बारे में बाद में बात करेंगे।"

मज़ाक़ करते हुए मैं कहता हूँ, "ये शायद कहेंगे कि उसमें एक चकला खोल लो।" सब लोग हँसते हैं।

यू.जी. इस विषय को टाल जाते हैं। एक स्नेहमयी माता की तरह मुझसे कहते हैं, "जाओ, कुछ खा लो। भूख लगी होगी।"

किचन से लगकर ही भोजन कक्ष है। वहाँ बैठक में कुछ खा रहा हूँ। कुशल जर्मन महिला सारिटो कहती है, "महेश। ये दो हज़ार यूरो यू.जी.ने मुझे दिये हैं चीज़ों की व्यवस्था करने के लिए।" किसी समय सारिटो जर्मनी में टैक्सी ड्राइवर भी। यू.जी. के रुपये-पैसों का हिसाब-किताब वही सम्हालती है। जब तक की मुझे याद है कुछ ऐसा होता था कि जब भी मैं उनसे मिलने जाता, मेरे पास जो भी रुपया पैसा होता था, वे ले लेते थे। फिर छोटी-छोटी क़िस्तों में वही पैसा मुझे वापस करते थे। यह इसलिए कि मैं इस राशि को कहीं खो न दूँ, न ही फ़ालतू की चीज़ों पर ख़र्च कर डालूँ। लेकिन अब पहली बार इसका उलटा हो रहा है। इससे मुझे परेशानी हो रही है।

कमरे में दाख़िल हो कर मैं बैठ जाता हूँ। एयर इंडिया के हमारे मित्र कमल और सुरेश ने संस्कृत श्लोकों के सी.डी. भेजे हैं। पृष्ठभूमि में उनकी आवाज़ गूँज रही है। हम सब पर एक ख़ामोशी छायी है। इससे बचने के लिए मैं बॉब की तरफ़ मुड़ता हूँ। अगले दिन यहाँ से चला जाएगा। मैं चाहता हूँ कि यू.जी. कुछ बातें करें। इसके लिए मैं बॉब का इस्तेमाल करता हूँ। मैं कहता हूँ, "आपको बॉब से कुछ कहना है? वह कल चला जाएगा।"

कुछ रुक कर यू.जी. का जवाब है, "इससे मेरी भावनाओं को ठेस पहुँचेगी।" इसका मतलब बॉब की समझ में नहीं आता है।

मैं समझाता हूँ, "उनका मतलब है कि अगर वे बोलेंगे तो उनकी भावनाओं को चोट पहुँचेगी।"

बॉब कहता है, "मैं आपको किसी तरह की तकलीफ़ नहीं पहुँचाना चाहता सर।"

कुछ देर ख़ामोशी रहती है। इस ख़ामोशी के दौरान यू.जी. के अंदर कुछ उफन रहा है। लगता है, उबलकर बाहर आ जाएगा। अचानक ज़ोर के साथ वे कह उठते हैं, "आध्यात्मिक गंद... नहीं चाहिए।" फिर मेरी तरफ़ मुड़कर कहते हैं, "कैसे आदमी हो तुम?"

मुझे लगता है कि वे मुझसे कुछ कहने की कोशिश कर रहे हैं। मैं समझ नहीं पा रहा हूँ। बेवकूफ़ों की तरह कहता हूँ, "मुझे बताइए आप क्या करना चाहते हैं यू.जी.।"

अधीर होकर कहते हैं, "यही जानता तो तुम्हारी मदद क्यों माँगता।" आसपास लोग धीमे-धीमे हँसते हैं।

कुछ स्पष्ट जानने के लिए मैं पूछता हूँ, "फिर भी कोई संकेत?"

आख़िरी फ़ैसला सुनाते हुए कहते हैं, "बस, निकल जाओ यहाँ से।"

इसी समय कहीं दूर से एम्बुलेंस के सायरन की आवाज़ सुनाई

देने लगती है और सारे कमरे में फैल जाती है। एम्बुलेंस जैसे-जैसे नज़दीक आती है, आवाज़ तेज़ होती जाती है और ज़्यादा-ज़्यादा बड़ा अपशकुन बनती जाती है। मेरे अंदर एहसास जागता है कि यू.जी. के खेल का आख़िरी परदा शायद मिटने जा रहा है। वे चाहते हैं कि यहाँ जमा हुए सब लोग जहाँ से आये हैं, वहाँ लौट जाएँ। इस अकस्मात् घटित होने वाले विकास-क्रम से चकित और विमूढ़ लोग एक के बाद एक हिचकिचाते हुए कमरे से बाहर जाने लगते हैं। अचानक मेरी तरफ़ मुड़कर यू.जी. कहते हैं, "ए ...चलो, यहाँ से बाहर चलें।"

"कहाँ?"

"कहीं भी।"

वे एक ऐसी क्रोधित माँ की तरह दिखाई दे रहे हैं, जो बच्चों को बाहर भगा रही है ताकि वह अकेली हो सके। मेरे अंदर भय की भावना पनपती जा रही है। पता नहीं आगे क्या कहने जा रहे हैं इसी समय लैरी मॉरिस अंदर दाख़िल होते हुए कहता है, "मैं आपको ले चलूँगा, जहाँ कहीं भी आप जाना चाहें।" उसने शायद सुन लिया कि यू.जी. मुझसे क्या कह रहे थे। हाथ के इशारे से उसे भगाते हुए क्रुद्ध यू.जी. कहते हैं, "चले जाओ यहाँ से। यह कोई आध्यात्मिक ढोंग नहीं है। बात करने की साँस नहीं है मुझमें।" थोड़ी देर बाद लुई दाख़िल होता है और उन्हें ले जाने का प्रस्ताव दोहराता है। यू.जी. उसे भी ठुकरा देते हैं। वे अब और किसी पर निर्भर नहीं होंगे।

बंगलोर के उनके सबसे पुराने मित्र सुगना और बाबू चुपचाप बैठे इस सारे दृश्य को देख रहे थे। उन्हें भी चले जाने का संदेश मिल जाता है। सुगना यू. जी. के चरणों में गिरकर रोती है। वे मुस्कराते हैं। सुगना के मन में आशा जागती है कि निकाले जाने वाले लोगों में शायद वह न हो।

कमरा अब ख़ाली हो गया है। यू.जी. अचानक मित्रा को बुलाते हैं और कहते हैं कि उनके सारे कपड़े वह एक थैले में भर ले और उनके ग्स्ताद वाले फ़्लैट में चला जाए। फिर वे पूछते हैं, "शॉर्टी कहाँ है?" वे सॉरिटो के लिए पूछ रहे हैं। वह आती है तो मित्रा से कहते हैं कि उसे पाँच सौ यूरो दे दें। फिर दोनों को चले जाने के लिए कहते हैं। मित्रा रोता हुआ वहाँ से चला जाता है।

और उसके बाद यू.जी. मुझसे कहते हैं कि उनका पासपोर्ट ले लूँ। जब से मैं उन्हें जानता हूँ, पासपोर्ट उनकी सबसे मूल्यवान वस्तु है। वे कहते हैं कि पासपोर्ट मैं जैकेट में रख दूँ। फिर इशारा करते हैं कि जैकेट दरवाज़े के पास रखी कुरसी पर रख दूँ। इसके बाद जूतों की तरफ़ इशारा करते हैं कि मैं उन्हें कुरसी के नीचे रख दूँ। मेरी तरफ़ मुड़कर फिर इशारा करते हैं कि कैंची लेकर उनके क्रेडिट कार्ड को काट डालूँ। यू.जी. अब इस जगह को छोड़ रहे हैं, ठीक उसी तरह जिस तरह अलग-अलग जगहों के रहने के अपने फ़्लैटों को छोड़ते रहे हैं, कि पीछे कोई निशान न रह जाए। इसमें आध्यात्मिकता का कोई स्वर नहीं है। यह है शुद्ध कार्य-कुशलता। विला में यू.जी. का अब कोई सामान बाक़ी नहीं रह गया है।

अचानक वे गरज उठते हैं, "ये लोग अभी तक नहीं गये। जाकर इनसे कह दो कि अगर चालाकी से यहाँ रुकने की कोशिश की तो धक्के देकर निकलवा दूँगा।"

मुझमें साहस नहीं है कि मैं बाबू और सुगना से यह सब कह सकूँ। हिम्मत कर यू.जी. से कहता हूँ, "आप ख़ुद बाबू और सुगना से यह क्यों नहीं कह देते?"

उग्रता से कहते हैं, "तुम कहोगे इनसे।" अपने स्वामी के आदेश का पालन करने के लिए मैं उठ खड़ा होता हूँ।

सुगना, बाबू और बुलबुल को जब मालूम होता है कि उन्हें भी जाने के लिए कहा जा रहा है, तो वे स्तंभित रह जाते हैं। विला छोड़कर जाने वाले आसपास के अधिकांश लोग हतप्रभ, विदीर्ण और विमूढ़ हैं। बाबू, बुलबुल और सुगना आगे बढ़कर चिर विदा का अंतिम अभिवादन करने का उपक्रम करते हैं। बुलबुल रो रही है और तेलुगु में बोल रही है। स्पष्ट है कि यहाँ रहने का आग्रह कर रही है। लेकिन यू.जी. अपने निर्णय पर अटल हैं।

बाबू की समझ में आ जाता है कि आख़िर अंत आ गया है। वे संस्कृत श्लोकों का पाठ करते हुए अपने स्वामी और गुरु के चरणों का स्पर्श करते हैं। रोती हुई सुगना भी यही करती है। बाबू को कमरे से बाहर जाते हुए मैं कहता हूँ, ''यह मृत्यु है बाबू।'' कुछ पल बाद लुई और मेलिसा की समझ में आ जाता है कि उन्हें भी यहाँ रहने की अनुमति नहीं है। दोनों इसी विला के एक कमरे में रहते हैं। दोनों भी मारिया के साथ वहाँ से चले जाते हैं। विला में अब शांति है। शाम के 6 बजे हैं। मृत्यु का नृत्य अब पूरे ओज के साथ शुरू हो गया है।

यू.जी. ख़ामोश हैं। फिर कहते हैं, ''एक व्हील चेयर ला दो मुझे। कार में बैठकर हम लोग यहाँ से चले जाएँगे।'' अपनी भावी योजना बनाने वाले हैं।

''मगर मेरे पास स्विस वीसा नहीं है यू.जी.।''

उनका जवाब है, ''फ्रांस के दक्षिण में जाएँगे। वहाँ अच्छी विला मिल जाती है।''

अचानक मुझे उन दिनों की याद आती है जब हम लंदन में फ़्लैट ढूँढ़ने निकलते थे। लम्बे समय तक एक ही जगह रहना यू.जी. को पसंद नहीं था।

मैं कहता हूँ, ''यू.जी.। व्हील चेयर मुझे कहाँ मिलेगी। और मैं

ड्राइव भी नहीं कर सकता। आप भूल रहे हैं कि मेरी देखभाल आप किया करते थे। इस हालत में आपकी देखभाल मैं नहीं कर सकूँगा।'' उनकी योजना को मैं पहले ही ख़त्म कर देता हूँ।

वे विषय बदल देते हैं। कहते हैं, ''ऐसा करो, लैरी मॉरिस को बुला लो।'' मैं फ़ौरन हरकत में आ जाता हूँ। सुज़न का नंबर मेरे मोबाइल में है। जब मुंबई में था तो वही मेरा संपर्क सूत्र थी। लैरी और सुज़न इस समय बैलेक्रोसिया छोड़ रहे थे। मैं संदेश देता हूँ, ''वापस आओ लैरी। बुज़ुर्गवार तुम्हारे बारे में पूछ रहे हैं।'' घटना-क्रम के इस मोड़ से दोनों चकित रह जाते हैं। लैरी के आने के बाद यू.जी. अपने मन की बात उसे बताते हैं। वे चुपचाप चले जाना चाहते हैं, बहुत से लोगों के आसपास होना उन्हें पसंद नहीं। वे नहीं चाहते कि उनके ये कथित ''अनुयायी'' उनकी मृत्यु को करिश्मा बनाकर पेश करें और उसकी आध्यात्मिक व्याख्या करें। वे चाहते हैं एक सरल, शांत और बहुत ही निजी मृत्यु। मुझे लगता है कि ज़िंदगी की सबसे बड़ी भूमिका निभाने का समय आख़िर आ गया है। यह आदमी साहस के साथ अकेला खड़ा रहा और अपनी शर्तों पर ज़िंदगी बिताता रहा। अब अपनी मौत की ज़िम्मेदारी सौंपने के लिए इसने मुझे चुना है।

15 मार्च 2007

बैलेक्रोसिया

एक ज़ोर की आवाज़ सुनकर मेरी नींद खुल जाती है। दौड़कर दरवाज़े पर पहुँचता हूँ। देखता हूँ कि सुज़न फ़र्श पर पड़ी है। जल्दी-जल्दी मैं उसे हाथ का सहारा देता हूँ।

वह कहती है, ''फिसल कर गिर पड़ी। पता नहीं यू.जी. ठीक हैं

या नहीं। सुबह के 4.30 हो गये हैं। बीमार पड़ने से पहले वे ठीक इसी समय गिर पड़े थे।'' लकड़ी के ज़ीने पर फिसलन है। वह सावधानी से उतरती है और उनकी हालत का पता लगाने चली जाती है। दौड़कर मैं अपने छोटे से कमरे में पहुँचता हूँ, कपड़े बदलता हूँ और तेज़ी से नीचे चला जाता हूँ। यू.जी. की गुफा में पहुँचता हूँ तो पाता हूँ कि सुज़न बाहर आ रही है। वह बताती है, ''सब कुछ ठीक है।'' फिर अपने कमरे की तरफ़ चली जाती है।

लैरी को छुट्टी देने के लिए मैं यू.जी.की गुफा में दाख़िल होता हूँ। वह सारी रात जागकर यू.जी. पर नज़र रखे हुए था। इससे पहले लुई यह काम करता था, लेकिन किसी अज्ञात कारण से यू.जी. ने अचानक उसे जाने के लिए कह दिया। लैरी, सुज़न और मेरे बीच पारियाँ तय हो गयी हैं। बारी बारी से हम यहाँ हाज़िर रहते हैं। इस बात का ख़्याल रखते हैं कि यू.जी. अकेले न छूटने पाएँ। उनके पास ही मैं फ़र्श पर लेट जाता हूँ।

सूर्योदय के समय लुई दरवाज़े पर आता है। उत्तेजित लगता है। इस सर्द सुबह में मैं बाहर आता हूँ, पाता हूँ कि वैसे शांत और हँसमुख रहने वाला लुई बहुत ही परेशान लग रहा है। अपना दिल वह मेरे सामने हलका करता है। मैं ध्यान से उसकी बात सुनता हूँ। अपने अंदर वर्षों से बंद भावनाओं को वह जिस सादगी और साहस के साथ व्यक्त करता है, वह मेरे दिल को छू लेती है। अपने दिल का सारा ग़ुबार निकाल देने के बाद वह घोषित करता है कि बैलेक्रोसिया छोड़कर वह ग्स्ताद, स्विट्ज़रलैंड जा रहा है और मेलिसा भी उसके साथ जा रही है। मैं देखता हूँ कि अपना सामान बाँधकर रवाना होने के लिए वह अपने कमरे की तरफ़ जा रहा है। मैं महसूस करता हूँ कि हर आदमी अपनी छोटी-छोटी मौतें मरने के लिए यहाँ आया है। सुबह के क़दम

बढ़ते जाते हैं और बाबू, सुगना गुड बाई कहने के लिए मुझे विला से बाहर बुलाते हैं। ''अंत'' के साथ उन्होंने समझौता कर लिया है।

यू.जी. के पास बैठना आम तौर पर शांतिपूर्ण होता है। सुज़न कहती है कि उनके दिल की धड़कन लगभग बंद हो गयी थी। मैं उनकी तरफ़ देखता हूँ। वे वापस मेरी तरफ़ देखते हैं। लगता है वहाँ कोई नहीं। उनकी तरफ़ ध्यान से देखता हूँ तो पाता हूँ वे किसी चीज़ में अटके हुए नहीं हैं। वे अचानक कहते हैं, ''मेरे जन्मदिन के उपहारों का सारा पैसा तुम्हारे पास है। सारा पैसा निकाल लो...उसका खुलकर इस्तेमाल करो।'' फिर लैरी और मेरी तरफ़ मुड़कर कहते हैं, ''मेरी यह क़मीज़ पतलून निकाल लो। तुम चाहते हो कि इन मोटे कपड़ों में मेरी मौत हो?'' उनके मज़ाक़ से हमारे चेहरों पर मुस्कराहट आ जाती है। वे कहते रहते हैं, ''यह शरीर आज चला जाएगा, मतलब कि मेरे शौच करने के बाद। यही महान भारतीय परंपरा है।''

वे आँखें बंद कर लेते हैं और मुझे लगता है कि हम लोग आज पहुँच गये हैं। उलटी गिनती शुरू हो गयी है। अचानक मुझे याद आता है कि मेरी सबसे छोटी बेटी आलिया का आज चौदहवाँ जन्मदिन भी है। यू.जी. ने भविष्यवाणी की है कि उसमें अभिनेत्री बनने की ज़बरदस्त क्षमता है। उनका मुँह बंद है, साँसें हलकी होती जा रही हैं मैं खाँसता हूँ ताकि उनका ध्यान मेरी तरफ़ आए। उनके हाथों-पैरों की उँगलियाँ हिलती हैं। उस शरीर में अब भी कोई है। फेफड़ों का पूरा ज़ोर लगाकर वे साँस ले रहे हैं। सब कुछ बहुत ही शांत होता जा रहा है। कमरा ख़ालीपन के एहसास से भर गया है। मैं आलिया को 'सुखद जन्मदिन' का एस.एम.एस. भेजता हूँ। उसका जवाब बहुत ही परिपक्व है, मुझे अंदर तक छू जाता है। सोनी, शाहीन, आलिया, सभी लोग एक अपरिहार्य सत्य से विचलित हो गये हैं। मैं चुपचाप कमरे से बाहर

चला जाता हूँ ताकि आलिया को फ़ोन कर सकूँ। मेरी आवाज़ सुनकर वह बहुत ख़ुश हो गयी है। लौटने पर पाता हूँ कि यू.जी. की आँखें खुली हुई हैं। उनके मुँह से कुछ सुनना चाहता हूँ, लेकिन एक शब्द भी वे नहीं बोलते। वे आँखें फिर बंद कर लेते हैं और अपने अंदर ही किसी दुनिया में पहुँच जाते हैं।

इसी समय मुझे जूली का एस.एम.एस मिलता है। वह बुरी मन:स्थिति में है, अपराध-बोध और खेद से भरी हुई। अचानक महसूस करता हूँ कि वे जाग गये हैं। मुझे खुशी है कि वे जीवितों के इस देश में लौट आये हैं। मैं उन्हें एक भाव भरा हवाई चुम्बन भेजता हूँ। वे उसे स्वीकार करते हैं और मुझे बैठ जाने का इशारा करते हैं। मैं वही करता हूँ। हमेशा वही किया है। वे अब शून्य में ताक रहे हैं। नहीं जानता कि उनके दिमाग़ में क्या चल रहा है। उनकी आँखें अब भी पथरायी हुई हैं। हलकी सी हरकत होती है उनमें। कमरे में एक भयावह ख़ामोशी फैलती जा रही है। इसके बाद पता नहीं किस व्यक्ति या किस चीज़ में अलविदा का हाथ हिलाते हैं फिर लम्बे समय तक उसी शून्य को तीव्रता से ताकने के बाद आँखें बंद कर लेते हैं और एक बार फिर अपने अंदर की दुनिया में लौट जाते हैं। बंगलौर के मेरे अफ़सर मित्र फ्रेंक नोरोन्हा का एस.एम.एस आता है, "भुवनेश्वर नाड़ी कहती है कि यू.जी. के अंतिम समय में तुम उनके साथ उनके पुत्र के रूप में हो। यू.जी. के मित्रगण तुम्हारा टेलीफ़ोन नंबर माँग रहे हैं। उनको दूँ या नहीं?" मैं फ़ौरन जवाब भेजता हूँ कि बिल्कुल नहीं। मेरा काम है कि किसी को भी किसी भी तरह या किसी भी रास्ते से इस जगह प्रवेश न करने दूँ। सुज़न कहती है, "तुम सिर्फ़ बाहर निकालने वाले वह व्यक्ति नहीं हो जिसको यू.जी. ने इसलिए बुलाया है कि दुनिया को यहाँ से दूर रखो, तुम उनके पुत्र भी हो। कुछ देर पहले तुम उनके जूतों को

ताक रहे थे। यह उस पुत्र का लक्षण है जो अपने पिता के चरण-चिन्हों पर चलना चाहता है।'' सुज़न के कथन की सादगी मुझे छू जाती है। अब मुझे एक ऐसा संपर्क मिल गया लगता है, यू.जी. के प्रति अपने प्रगाढ़ प्रेम का उल्लेख मैं जिससे कर सकता हूँ।

बैंगकॉक से मुकेश का फ़ोन है, ''याद से उनकी राख भारत ले आओ ताकि उसे गंगा में बहाया जा सके।'' मैं देख रहा हूँ कि वह किस जगह से आ रहा है। वर्षों से मैं और मुकेश एक-दूसरे से बहुत ही भिन्न हो गये हैं। उसे परंपरा और कर्मकांड हमेशा भाता रहा है। मैं जवाब देता हूँ, ''गंगा बहुत ही मैली हो गयी है, इस असाधारण व्यक्ति की राख लेने के क़ाबिल नहीं रही है।'' मेरा भाई अवाक् रह जाता है।

इसके बाद बाबू का फ़ोन आता है। वे सड़क के रास्ते स्विट्ज़रलैंड में प्रवेश करने जा रहे हैं। मैं उन्हें यू.जी.की हालत के बारे में बताता हूँ और यू.जी. के इस कथन का उल्लेख करता हूँ कि आज का दिन आख़िरी दिन है। गहरी ख़ामोशी के साथ वे यह सब सुनते हैं। मैं देख रहा हूँ कि यू.जी. की आसन्न मृत्यु के सत्य के साथ उन्होंने पूरा समझौता कर लिया है। इसके बाद वे मुझसे कहते हैं कि अगर मौक़ा मिले तो उनके यात्रा-टिकट के पैसों के बारे में मैं यू. जी. से बात करूँ। मैं कहता हूँ कि अगर ठीक लगा तो बात करूँगा।

दिन गुज़र जाता है। यू.जी. की भविष्यवाणी सच साबित नहीं होती।

16 मार्च 2007

बैलेक्रोसिया

सुबह के दो बजे हैं। मैं यू.जी. के कमरे में हूँ। घड़ी की टिक टिक ज़्यादा ही शोर कर रही है। उनकी साँसें मुझे सुनाई नहीं देतीं। इस

घड़ी को भेड़िये की घड़ी कहा जाता है। पागलपन उभर आता है, भावावेग के अपराध घटित होते हैं, हत्याएँ और आत्महत्याएँ होती हैं। यह घड़ी बीमारों की मौत की भी घड़ी है। मौत न हो तो दर्द के हद से बढ़ जाने की घड़ी होती है। सुज़न को सुबह के चार बजे से डर लगता है। उस घड़ी पता नहीं क्या हो। वह इस तथ्य को भुला नहीं पाती कि सुबह के इसी समय यू.जी. ने गिरकर अपने को घायल कर लिया था।

अब सुबह के तीन बज गये हैं। अलाव-घर की लपटों की हालत और ख़ूबसूरती मेरा ध्यान खींचे हुए है। इन लपटों के अलावा कमरे की हर चीज़ स्थिर है। मौत का इंतज़ार सूर्य के उगने के इंतज़ार के समान है। फ़ास्ट फ़ारवर्ड का बटन दबाया नहीं जा सकता। चीज़ों की गति को तेज़ या धीमा नहीं किया जा सकता। मौत जब आएगी तभी आएगी। यू.जी. के बहुत नज़दीक खड़े हो कर उन्हें साँस लेता हुआ देखता हूँ। उन्हें मेरी उपस्थिति का एहसास हो जाता है। आँखें खोल देते हैं। आँखें मुझे पहचान लेती हैं। मैं मुस्कराकर उनकी तरफ़ हाथ हिलाता हूँ। वे करवट बदलकर आँखें बंद कर लेते हैं। मैं किचन में आकर एक कप काली कॉफ़ी बनाता हूँ और एक सूखी डबल रोटी के टुकड़े को चबाना शुरू कर देता हूँ। घड़ी की सूइयाँ सुबह के चार बजाने जा रही हैं।

अपने विचारों को काग़ज़ पर उतारना ख़त्म ही करता हूँ कि देखता हूँ कि वे बड़े आराम से अपने पैरों पर खड़े हो गये हैं। एक पल तक वे उसी तरह खड़े रहते हैं। मैं उनका नाम पुकारकर उछल कर सामने आता हूँ। लैरी को भी उन पर नज़र रखनी होती है, मगर वह ख़ुर्राटे भर रहा है। चौंक कर उठ बैठता है। इससे पहले कि मैं कुछ करूँ, यू.जी. चलने की कोशिश करते हैं। नीचे ग़ालीचे पर फिसल जाते हैं और गिर पड़ते हैं। मेरे फैले हुए हाथ उन्हें पूरी तरह गिरने नहीं

देते। अपनी तरफ़ की ज़मीन पर वे पड़े हुए हैं। उनकी तरफ़ दौड़ने वाले मैं और लैरी अपनी ही जगह पर जम गये हैं। आश्चर्य, भय और लज्जा ने हमें जड़ बना दिया है।

शिकायत के स्वर में यू.जी. कहते हैं, "मुझे उठाओ।" उनके क्षीण शरीर को हम सोफ़े पर रखते हैं, बैठने के लिए सहारा देते हैं। चूँकि शरीर का वज़न बहुत कम हो गया है, इसलिए गिरने से हलकी चोट आयी है।

आतुर होकर लैरी पूछता है, "आपको चोट लगी?"

सिर हिलाकर जवाब देते हैं, "नहीं।"

मैं घड़ी की तरफ़ देखता हूँ। सुबह के 4.25 हुए हैं। सुज़न की शंका सच साबित हुई।

वे पूछते हैं, "सुज़न कहाँ है?"

लैरी कहता है, "उसे बुलाऊँ?"

इशारे से कहते हैं नहीं। "मैं ऐसे ही पूछ रहा था।" मैं समझ नहीं पाता कि इस गिरने का क्या परिणाम होगा। ग्लानि से भरा हुआ लैरी सोफ़े पर बैठ जाता है। यू.जी. के शब्द "मुझे उठाओ" मेरे दिमाग़ में गूँज रहे हैं। उन जैसे व्यक्ति को असहाय स्थिति में देखना तकलीफ़ देता है। मेरे अंदर कोई आवाज़ कहती है, "अच्छा हो जल्दी चले जाएँ।" अगर इसे अपराध न समझा जाता और यू.जी. ऐसा करने का मुझे आदेश देते तो उनके प्रस्थान में मदद करने में मैं बिल्कुल नहीं हिचकिचाता। अपने मन में उठने वाले इस विचार के बारे में अब सोचता हूँ तो चकित रह जाता हूँ।

वे आँखें खोलते हैं और एक घूँट पानी माँगते हैं। फिर सुज़न की तरफ़ मुड़कर कहते हैं, "तुमने लंच खाया?" मौत की घड़ियों में भी उन्हें औरों की ज़रूरतों का ख़्याल है। उनकी साँसों में संगीत की लय

है। गुफा में बैठकर मैं इसे सुनता हूँ। मेरा ख़्याल है कि जीवन की इस बहुत ही सहजात वृत्ति की स्मृति पिछले तीस सालों में उनके साथ हुए तमाम वार्तालापों की स्मृति की जगह ले लेगी।

सुज़न कहती है, "साँसें बहुत कमज़ोर हैं।" हमारी खिड़की के बाहर सूर्योदय हो रहा है। अचानक वे बैठ जाते हैं। इस बार मैं उनके लिए तैयार हूँ। उछल कर सामने आता हूँ, उनका रास्ता रोक लेता हूँ ताकि वह सब फिर न घटित हो जो बहुत सुबह हुआ था। वे टॉयलट जाना चाहते हैं। मैं पुकार कर लैरी को मदद के लिए बुलाता हूँ। वह दौड़कर कमरे में आता है और सारा काम सम्हाल लेता है। मैं और सुज़न, हम दोनों चिंतित हैं कि आगे क्या होगा। डाल पर लगे पत्ते की तरह यू.जी. काँप रहे हैं कि कब हवा का झोंका आएगा और उड़ाकर उन्हें दूर ले जाएगा। बैंगकॉक से इम्मी का फ़ोन आता है। "आवारापन" के बहुत ही बुनियादी दृश्य की आज शूटिंग है। मैंने कभी सोचा नहीं था कि ऐसा कर सकूँगा, एक व्यक्ति बिस्तर पर मौत की घड़ियाँ गिन रहा होगा और एक अभिनेता को मैं अभिनय का मार्गदर्शन कर रहा होऊँगा।

बड़ी गरिमा और इज़्ज़त के साथ लुई और मेलिसा विला से अपना प्रस्थान कर देते हैं। सन् 1979 में यू.जी. की कही हुई बात मैं लुई को बताता हूँ। बंगलोर में एक ऑटो रिक्शा में मुझे बैठाते हुए यू. जी. ने कहा था, "तुम जब घूम कर इस दिन की तरफ़ देखोगे तो महसूस करोगे, यह तुम्हारे जीवन का सबसे सुखद दिन था। जाओ महेश। तुम्हारा काम ख़त्म हो गया। तुम्हारी ज़िंदगी का एक नया अध्याय शुरू हो गया है।"

बुलबुल अब भी नीस में कहीं है। उसे लगता है कि यू.जी. इस दौर से निकल जाएँगे, उन्हें कुछ नहीं होगा। कहती है कि भारत

लौटना नहीं चाहती। अगर जाएगी भी तो लौट आएगी। पूरे विश्वास के साथ कहती है कि यू.जी. की देखभाल आख़िर वही करेगी।

यू.जी. मेरी तरफ़ मुड़कर पूछते हैं, "तुम्हारा टिकट कब का है? आज तो जा नहीं सकते।"

मैं कहता हूँ, "मेरा ओपन टिकट है सर।"

"मुझे जाने में कुछ दिन लग जाएँगे। इन दिनों को निभा लो ज़रा...।"

एक बहुत ही मुश्किल और लगभग असंभव काम यू.जी. मुझे उसी तरह सौंप रहे हैं जैसे उनके लिए टिकट पर वीसा के बंदोबस्त करने का काम हो। लगभग दो साल पहले लंदन के कुहरे के कोप ने उड़ानों के सारे कार्यक्रम अस्त व्यस्त कर दिये थे। मैंने अपने लिये मुंबई जाने का आरक्षण करवाया था और यू.जी. के लिए न्यू यॉर्क यात्रा का। मेरी सीट की पुष्टि हो गयी थी लेकिन यू.जी. की अभी तक नहीं हुई थी। लंदन से रवाना होने के लिए जब सामान बाँध रहा था और यू. जी. की सीट की पुष्टि अभी तक करवा नहीं पाया था तो उन्होंने कहा था, "अगर तुम मुझे इस कुहरे से बाहर नहीं निकालोगे तो मैं तुम्हें जाने नहीं दूँगा। उस कुरसी से बाँध कर तुम्हें यहाँ अपने पास रखूँगा।" आज फिर यू.जी. को कुहरे से बाहर निकालने का काम मुझे करना है।

'अंत' की व्यवस्था करने की बात यू.जी. ने जब से की है तब से लगता है कि लंबी अँधेरी सुरंग के उस पार के प्रकाश की झलक इस व्यक्ति को मिल गयी है। अपने कमरे में आकर जब मैं अपने हवाई टिकट पर नज़र डालता हूँ तो मुझे ज़िंदगी का एक बड़ा आघात लगता है। टिकट कहता है कि अगली सुबह मुझे रवाना होना है। लेकिन जो चीज़ मेरी समझ में आती है वह और भी बड़ा कमाल है। अपने काउच पर पड़ा मौत की घड़ियाँ गिनता यह बुज़ुर्ग जिस बात को जानता था, मैं

नहीं जानता था। या कहीं ऐसा तो नहीं है कि मैं कुछ नहीं में कुछ देख रहा हूँ।

अब मैं देख रहा हूँ कि उनकी बेचैनी बढ़ गयी है। उनकी बेचैनी को कम करने के इरादे से मैं उन्हें कुछ हवाई चुम्बन देने की कोशिश करता हूँ। जवाब में हाथ हिलाकर वे मुझसे कहते हैं, ''यह सब मत करो।'' किसी भी तरह का संपर्क उन्हें कष्ट देता हुआ लगता है। प्यार की उन्हें ज़रूरत नहीं है। खाना नहीं, पानी नहीं, प्यार नहीं, कुछ नहीं—उन्हें कुछ नहीं चाहिए। फिर कौन सी चीज़ है जो उन्हें यहाँ रोके हुए है? मैं हैरान हूँ।

बाहर लॉन में आकर बंगलोर के मधुर सौम्य विद्वान मुकुंद राव को फ़ोन करता हूँ। मैं उनसे कहता हूँ कि यू.जी. का मृत्युलेख (ओबीचुअरी) लिखकर तैयार रखें, जब मृत्यु वस्तुत: हो जाएगी तो बाक़ी ब्यौरे को मैं भर दूँगा। मैं कहता हूँ, ''मैं जानता हूँ कि यू.जी. को इसकी बिल्कुल परवाह नहीं है, लेकिन ऐसे व्यक्ति के प्रस्थान के बारे में जानना दुनिया के लिए ज़रूरी है।''

कुल मिलाकर चार हज़ार यूरो हैं जिनसे यू.जी. की अंत्येष्टि करनी है। वैसे अंत्येष्ठि को शानदार बनाने के लिए और भी बहुत-सा धन आ सकता है। लेकिन उनके मृत शरीर पर अंतिम क्रिया की ज़िम्मेदारी चूँकि मुझे सौंपी गयी है, मैं इस बात पर ज़ोर दूँगा कि यू.जी. की इच्छा का सम्मान करते हुए अंत्येष्टि में कोई तामझाम न किया जाए। यू.जी. के पास बैठा हुआ महसूस करता हूँ कि मैं एक ऐसी ज्वाला के पास बैठा हूँ जो शीतल और सौम्य हो गयी है। हवा में एक हलकापन है। तभी मेरा मोबाइल बज उठता है। सोनी फ़ोन पर बता रही है कि पाकिस्तान में जियो टी.वी. की आवाज़ दबाने की मुशर्रफ़ कोशिश कर रहे हैं। एक आदमी की फ़ितरत है कि सत्ता में बने रहने

के लिए मरने को भी तैयार हो जाएगा। और यहाँ इस कमरे में एक व्यक्ति ऐसा पड़ा हुआ है जिसने सत्ता की तरफ़ से ख़ुद मुँह फेर लिया लेकिन उन लोगों के ख़िलाफ़ कभी कुछ नहीं कहा जो सत्ता के पीछे भाग रहे हैं।

यू.जी. अब इतने कमज़ोर हो गये हैं कि उठ कर बैठने के लिए उन्हें सहारे की ज़रूरत होती है। न कुछ खाते हैं, न पीते हैं, फिर भी चलते जा रहे हैं। जैसे ही बैठते हैं, कमरे में ऊर्जा का एक ज्वार सा आ जाता है। लैरी को कुछ इशारा करते हैं, लेकिन उसकी समझ में नहीं आता कि यू.जी. क्या कह रहे हैं। तब अधीरता की एक मुद्रा के साथ हम लोगों का सारा संवाद यू.जी. ख़त्म कर देते हैं। सारिटो का मेरे लिये संदेश है, "आपके लिए कुछ सूचना है मेरे पास। बाहर आकर मिलिए।" दौड़कर बाहर सरदी में पहुँच जाता हूँ। रास्ते में लूसिया मिलती है। वह हमारी मेज़बान और इस शानदार विला की मालकिन है। हम लोग मृत्यु के बाद की स्थिति पर चर्चा करते हैं। सारिटो के अनुसार, "जलाने से पहले चौबीस घंटे तक शरीर को यहीं रखना होगा। एक क़ानूनी अधिकारी और डॉक्टर आकर इस बात का प्रमाण पत्र देंगे कि कोई आपराधिक कर्म नहीं हुआ है। तब आप जला सकेंगे। लेकिन आपको यू.जी. से एक पत्र लेना होगा कि उनको जलाने का अधिकार वे आपको दे रहे हैं।"

मैं यू.जी. से यह अधिकार-पत्र माँगता हूँ। वे ध्यान से सुनते हैं और इशारे से कहते हैं, "लाओ ... मैं दस्तख़त कर दूँगा।" अधिकार-पत्र तैयार किया जाता है और सारिटो तथा लूसिया दोनों कुशल महिलाओं की मदद से टाइप हो जाता है। उनकी प्रिय लाल क़लम लेकर मैं उनके पास जाता हूँ। अतीत में इसी क़लम से उन्होंने कई दस्तावेज़ों पर दस्तख़त किये हैं। आज उनकी आख़िरी वसीयत पर इसी क़लम

से उनके दस्तख़त ले रहा हूँ। कमरे में आकर मैं उनसे कहता हूँ कि अधिकार-पत्र तैयार है। उसी जगह उँगली रखता हूँ जहाँ उन्हें दस्तख़त करने हैं। बिना किसी भावनात्मक प्रदर्शन के और बिना पढ़े वे उस पर अपने विशिष्ट हस्ताक्षर कर देते हैं। उनके हस्ताक्षर का ट्रेड मार्क हैं तीन बिंदियाँ और झटके से खींची हुई रेखा। फिर वे अलावघर की तरफ़ मुड़ जाते हैं और एक हरकत करते हैं जिसका मतलब होता है, "स्वाहा।" मानो अपने आपको अग्नि के हवाले कर रहे हों। फुसफुसाकर मैं कहता हूँ, "धन्यवाद।" और कमरे से बाहर चला जाता हूँ।

17 मार्च 2007

बैलेक्रोसिया

रात का एक बजा है। रात बेचैनी से भरी हुई थी। मैं यू.जी. के कमरे के पास वाले कमरे में हूँ। वे एक करवट पर सो रहे हैं। बाज़ू की छोटी सी मेज़ पर रखी घड़ी उनके चेहरे के ठीक पास है। उनकी साँसें कमज़ोर होती जा रही हैं। हम लोग 4.30 के समय की तरफ़ बढ़ रहे हैं। यू.जी. के लिए यह ख़तरनाक घड़ी है। लैरी ने मुझसे कहा है कि 4.15 पर उसे जगा दूँ ताकि वह यू.जी. पर नज़र रख सके।

बाग़ीचे में चिड़ियों ने गाना शुरू का दिया है। पिछले एक घंटे से यू.जी. बिल्कुल हिले डुले नहीं हैं। सुज़न अंदर आती है। निश्चित समय से पहले ही आ गयी है। कहती है, "इस कमरे में कुछ बदल गया है।" हम इंतज़ार करते हैं, देखते हैं कि 4.30 पर क्या वे उठेंगे। वर्षों से इस समय पर उठ जाते रहे हैं। हम निश्चय करते हैं कि अगर नहीं उठेंगे तो हम उनके पैर पर चिमटी लेंगे। अगर फिर भी नहीं उठेंगे तो उन्हें वैसा ही छोड़ देंगे। उन्होंने हमेशा कहा है कि किसी

जीवन पोषक प्रणाली (ऑक्सीजन, सलाइन वग़ैरह) से उन्हें न जोड़ा जाए। सोनी ने एस.एम.एस कर पूछा है कि यू.जी. की हालत कैसी है। मैं जवाब भेजता हूँ, "यू.जी. ने मुझे बेटे का दरजा दिया है। वे मेरे हाथों अपना दाह-कर्म चाहते हैं और चाहते हैं कि किसी को भी मालूम न हो, उनकी भस्म कहाँ फेंकी गयी है। मुझे सारी ज़िंदगी यह लड़ाई लड़नी है कि कोई उन्हें भगवान का दरजा न दे दे।"

वे हिलते हैं। लगता है, कोई घर लौट आया है। इस कमरे में बैठा हुआ मैं महसूस करता हूँ कि एक घटते हुए सागर के पास बैठा हूँ। एक आवाज़ है जिसमें थकान के साथ परिपूर्णता का एहसास भरा हुआ है। मैं बाहर जाता हूँ। कुछ देर बाद गुफा में लौट आता हूँ। सुज़न सूचना देती है, "उनकी साँसें और धीमी हो गयी हैं। मैं कहूँगी कि हालत अब बहुत ही गंभीर है। देखो, काले पड़ गये हैं। शरीर में ऑक्सीजन कम हो गयी है।" वे अब करवट बदलते हैं। जैसे ही लगता है कि अब ख़त्म हो गये हैं, वे हाथ या पैर हिला देते हैं, मानो कहते हैं कि अभी सब ख़त्म नहीं हुआ है। पूजा का फ़ोन है। जानना चाहती है कि यहाँ बैलेक्रोसिया में मेरी क्या स्थिति है। 'मिड डे' के अपने स्तंभ में उसने यू.जी. के बारे में लिखा है। सैन फ्रांसिस्को के यू. जी. से जुड़े अपने संस्मरण लिखे हैं। तब वह सत्रह वर्ष की थी। उसकी आवाज़ में दर्द है।

मध्यान्ह का समय। दूर पर गिरजाघर की घंटियाँ बज रही हैं। उनमें अचानक हरकत पैदा होती है। फिर इस तरह की मुद्रा करते हैं जैसे किसी से बातें कर रहे हों। अपनी अदृश्य सत्ता से सवाल कर रहे हैं, झगड़ रहे हैं। मैं उन्हें देखता हूँ, फिर सुज़न को देखता हूँ जो माँ की तरह उन्हें ताक रही है। वह भौंचक्की और विचलित है। मैं बाहर जाता हूँ।

मैं लौटता हूँ तो लैरी कहता है, "उन्होंने तौलिया मेरी तरफ़

फेंका।'' सुज़न मुस्करा रही है। लैरी की आवाज़ में हर्ष को दबाने की कोशिश है। सुज़न ने यह सारी क्रिया देखी हे। जिस तरह यू.जी. ने तौलिया फेंकी थी, सुज़न उस हरकत का अभिनय करती है। सुज़न कहती है, ''अपने आपको ढँक कर रखने से तंग आ चुके हैं।'' इशारा यू.जी. की पुरानी आदत की तरफ़ है। वे लगातार इस बात का ख़्याल रखते थे कि पूरी तरह ढँके हुए रहें, किसी तरह लज्जित न होना पड़े।

सामाजिक शिष्टाचार को ठुकराने की क्रिया को देखना एक भयावह अनुभव है, ख़ास कर जब ठुकराया गया आख़िरी आवरण अपना 'स्वत्व' हो या वह व्यक्तित्व हो जिसे मैं यू.जी. के रूप में पहचानता रहा हूँ। और इस आख़िरी आवरण के साथ न सिर्फ़ व्यक्ति जाता है, बल्कि व्यक्ति से संबंधित 'पवित्र' या 'सिद्धि प्राप्त' समझी जाने वाली हर चीज़ चली जाती हे। उस दिन शाम से कुछ पहले यू.जी. ने अपने पैरों पर खड़े होने की फिर कोशिश की। उस समय मैं यू.जी. के कमरे में बैठा था। मैं उछलकर उनके पास पहुँचा और उठने की हर संभावना को रोक कर खड़ा हो गया। अभी मैं ये शब्द कह ही रहा था कि ''आपको कुछ चाहिए यू.जी.?'' कि मेरी नज़र उनके चेहरे पर पड़ी। मेरी तरफ़ देखने वाला व्यक्ति यू.जी. की तरह नहीं दिख रहा था। वह जैसे कोई प्रागैतिहासिक या आदिम प्राणी था। स्मृति-विहीन वे आँखें मनुष्य की आँखें नहीं लग रही थीं। तब इस प्राणी ने कुछ बोलने का उपक्रम किया। अजीब सी घरघराहट की आवाज़ हुई। आवाज़ जैसे बाहर नहीं आ रही थी, अंदर जा रही थी। इस प्राणी की तरफ़ लगातार ताकते हुए घबराकर मैंने लैरी को आवाज़ दी। लैरी जब तक अंदर आया, तब तक वह प्राणी जा चुका था और यू.जी. वापस आ गये थे। वे पेशाब करना चाहते थे। उनकी ज़िम्मेदारी लैरी को सौंप कर मैं तेज़ी से बाहर रात की सरदी में चला गया।

18 मार्च 2007

बैलेक्रोसिया

मुकेश का संदेश है 'बहुत ज़रूरी कॉल' (कॉल अर्जेंट)। यहाँ इटली में सुबह के दो बजे हैं। बैंगकॉक में 8.30 का समय होगा। मैं उन्हें फ़ोन करता हूँ। 'आवारापन' के आख़िरी दृश्य में एक बहुत ही बुनियादी संवाद है। वे मेरा स्पष्टीकरण चाहते हैं। इसके बाद लैरी अपना दिल खोलकर मेरे सामने रखता है। वह कहता है, वह, मैं और सुज़न--- हम तीनों का वहाँ होना यू.जी. के लिए कितने मायने रखता है, वे दिखाते नहीं हैं। वह कहता है कि जब भी ज़रूरत पड़े, मुक्त होकर हर तरह से मैं उस पर निर्भर रह सकता हूँ। उसका हाथ चूमकर इस उदारता के लिए मैं उसे धन्यवाद देता हूँ।

यू.जी. के पास ही फ़र्श पर लेटा हुआ हूँ। कमरे में और कोई नहीं है। अगर मैं अपने आप से यह न कहूँ कि वे मर रहे हैं तो उनके चेहरे के भाव से इस बात का ज़रा भी संकेत नहीं मिलता कि वे मरने जा रहे हैं। उनके हाथ हरकत करते हैं। पता नहीं अगले कुछ घंटों में क्या होगा। मेरे अंदर हलकेपन और मुक्ति का भाव है। ऐसा महसूस करता हूँ कि पैदा होने के समय से लेकर अब तक मेरे अंदर के क़ैदख़ाने ने मुझे जिस पिंजरे में बंद कर रखा था, वह पिघल कर ख़त्म हो गया है। बाद में जब मैं सुज़न को यू.जी. के साथ हुआ पिछली रात का अनुभव बताता हूँ तो वह समझाती है कि यह सारा मामला "सवारी" (सीज़र) का था जिसमें कोई और जीव उन पर सवार हो गया था। मैं उसे समझाता हूँ कि इस अनुभव ने प्यार और गहरे विश्वास के भाव से मुझे भर दिया है।

सुबह के 4.30 हुए। फिर वही घड़ी आ गयी है जब यू.जी. के लिए

सबसे ज़्यादा ख़तरा होता है। जब मैं ये पंक्तियाँ लिख रहा हूँ तो मुझे महसूस होता है कि ख़तरे से अपने आपकी रक्षा वही लोग करते हैं जो अपने आपको या अपनी चीज़ों को सुरक्षित रखना चाहते हैं। यू.जी. की दिलचस्पी अगर ख़ुद को बनाये रखने में नहीं है तो कोई उनकी रक्षा करे, इसका क्या मतलब है? मनुष्य ने दीर्घ काल से जो सारी संस्थाएँ प्रथाएँ खड़ी की हैं और हमारे चिंतन की जो रचना की है वे मात्र इस बुनियादी प्रेरणा पर आधारित हैं कि चीज़ें हमेशा हमेशा बनी रहें।

लेकिन बिना किसी अघटित घटना के सुबह हो जाती है। मैं लॉन में यहाँ से वहाँ टहलता हूँ। बूढ़ी बिल्ली मीना मेरे साथ-साथ चलती है। इस जगह की वही असली निवासी है। लगता है वह मुझे पसंद करती है। मेरे अंदर निश्चितता की यह भावना घर कर जाती है कि मैं सही जगह पर हूँ और वही कर रहा हूँ जो नियति ने मेरे लिये तय कर रखा है। मैं पैदा ही इसलिए हुआ था कि अपने इस रिश्ते में एक निश्चित भूमिका अदा करूँ, मेरे स्वामी गुरु विला के अंदर मृत्यु की प्रतीक्षा करें और मैं बाहर पहरा दूँ। यह विचार मेरे अंदर उपजता है कि इन दिनों पर आधारित मैं एक फ़िल्म बना सकता हूँ। यह फ़िल्म मेरे निर्देशन की आख़िरी फ़िल्म होगी। पता नहीं, यह योजना कार्यान्वित होगी या नहीं। शायद नहीं।

मैं कमरे में वापस आता हूँ। इसकी स्थिर शांति असामान्य है। किचन में कॉफ़ी पीते हुए मैं और लैरी बातें करते हैं। यू.जी. के प्रति वह अपनी गहरी कृतज्ञता व्यक्त करता है। उन्होंने उसकी जान बचायी थी। जब वह कहानी सुनाता है कि कुछ वर्ष पहले यू.जी. ने किस तरह उसे मृत्यु से बचा लिया था, तो भावावेग से उसका गला रुँध जाता है। मैं उससे कहता हूँ, "यह कहानी तुम्हें अक्सर बतानी चाहिए लैरी। तुम्हें नहीं मालूम कि अव्यक्त कृतज्ञता का भार वहन करना एक

सलीब को ढोने के समान है।''

अचानक सोनी के फ़ोन से दिन का पूरा सुर बदल जाता है। उसे चिंता है कि यू.जी. के लिए डॉक्टरी सहायता न लेने का क्या नतीजा होगा। बहुत ही चिंतित स्वर में कहती है, ''तुम लोग जो कुछ कर रहे हो, पश्चिम में यह ग़ैर क़ानूनी है।'' उसकी सारी आशंकाओं को शांत करते हुए मैं उसे आश्वस्त करता हूँ कि यहाँ हमारी मेज़बान ने वह सारी व्यवस्था कर ली है जो ज़रूरी है। लुई का संदेश आता है कि वह मुझसे किसी विषय में बात करना चाहता है। स्पष्ट है कि रुपये-पैसे के सवाल पर अब दूसरी तरह से सोचने लगा है। लेकिन बहुत देर हो चुकी है, यू.जी. ने बोलना बंद कर दिया है। नित्य क्रिया से निवृत्त होने की अपनी ज़रूरत के बारे में मात्र एकाध शब्द बोल पाते हैं। वहाँ आने के बाद पहली बार मैं दोपहर में सोता हूँ। शायद नवोदित चंद्रमा हम सब पर असर डाल रहा है। यहाँ तक कि यू.जी. भी पूरी तरह ख़ामोश हैं, लेकिन वे पुरानी स्वाहा वाली भंगिमा जारी रखते हैं मानो वे अपने एक-एक अंश को होम कर रहे हों।

गुफा में अब अँधेरा हो गया है। फ्रैंक का संदेश है, यू.जी. की हालत के बारे में पूछ रहा है। मैं जवाब नहीं देता। इस जगह की ख़ामोशी में कोई दख़ल मंज़ूर नहीं है। बहुत पहले 1980 के दशक में यू.जी. ने मुझसे एक बार कहा था, ''जीवन आग है। हर मृत वस्तु को यह जला डालता है।'' आज मैं ठीक यहाँ पर प्रत्यक्ष आँखों के सामने इन शब्दों को काम करते हुए देख रहा हूँ। यू.जी. का शरीर अपने आपको इस तरह खा रहा है जैसे आग सब कुछ खा जाती है। मैं कहता हूँ, ''सुज़न! उनको जलता हुआ देखो, जैसे आग को जलता हुआ, जल कर ख़त्म होता हुआ देखती हो। उस आलोक को महसूस करो।''

19 मार्च 2007

बैलेक्रोसिया

पाँच बजकर पाँच मिनट हुए हैं। एक नया सूर्योदय होने वाला है। यह व्यक्ति अपनी शर्तों पर जिया और अब अपनी शर्तों पर मर रहा है। उसके गौरव का साक्षी होना एक वरदान है। अचानक, मैं रोने लगता हूँ। आग के एक दरिया में फँस गया हूँ। इन आँसुओं का कृतज्ञ हूँ जो इस हालत से जूझने में मेरा साथ दे रहे हैं।

किचन में कॉफ़ी पी रहा हूँ। सुज़न आकर कहती है, ''लैरी चाहता है कि तुम अंदर आकर यू.जी. को ज़रा देखो।'' उसे लगता है कि यू.जी. अचानक ख़त्म हो सकते हैं। मैं सिंक में कप उँड़ेल देता हूँ और गुफा की तरफ़ बढ़ जाता हूँ। तेज़ हवा चल रही है। कमरे में दाख़िल होते ही महसूस करता हूँ कि घड़ी की टिक टिक की आवाज़ उनकी साँसों की आवाज़ से ऊँची है। वे अब भी स्वाहा की विचित्र भंगिमाएँ कर रहे हैं। मेरी तरफ़ देखते हैं। आँखें जैसे मुझे बुला रही हैं। जल्दी से मैं उनके बिल्कुल पास पहुँच जाता हूँ। दोनों हाथों को पास लाकर वे प्रणाम करते हैं। उनके अस्तित्व का हर अणु जैसे कह रहा है, ''धन्यवाद''। क्या यह चिर विदा है?

सुबह के 8.30 बजे हैं। अलाव-घर में आग अभी बाक़ी है। वहाँ बैठकर उनकी साँसों के धीमे संगीत को सुनता हूँ। बाहर चिड़ियाँ चहचहा रही हैं। आवागमन की आवाज़ें आ रही हैं। मानो कह रही हैं कि जब यू.जी. आसन्न मृत्यु के दौर से गुज़र रहे हैं, बाक़ी दुनिया के लिए और दिनों की तरह ही यह भी मात्र एक और दिन है। कमरा लगातार हलका, और हलका होता जाता है। यू.जी. लैरी की तरफ़ मुड़ते हैं। वह दौड़कर उनके पास जाता है। लैरी को बैठने का इशारा

करते हैं। फिर वे बच्चों की तरह आकर्षक ढंग से अपने बालों को अपने चेहरे पर लाते हैं। यू.जी. के साथ बिताये सारे समय में यह सबसे ज़्यादा घनिष्ठ समय है। इसके बाद प्यार से मेरी तरफ़ देखते हैं और वही स्वाहा वाली भंगिमा दोहराते हैं मानो मुझे भी अग्नि को अर्पित कर रहे हों। अब मेरी तरफ़ से मुँह मोड़ लिया है। मैं मुस्करा कर उन्हें हार्दिक अलविदा कहता हूँ। अजीब बात है, ऐसा करते हुए मुझे कोई तकलीफ़ नहीं होती। जिन लोगों ने चिरंतनता के विचार को जन्म दिया है, मनुष्य जाति के असली शत्रु हैं।

मौत का रास्ता बहुत लंबा है। उनका शरीर सूख गया है। गहरे दुर्भिक्ष के शिकार व्यक्ति का शरीर लगता है। लेकिन जो फ़र्क़ बार-बार मेरे ध्यान में आता रहता है वह है कि दुर्भिक्ष के शिकार व्यक्तियों के सामने कोई चारा नहीं होता जबकि यहाँ यू.जी. ख़ुद इस प्रक्रिया का संचालन कर रहे हैं। भारत लौटने की अपनी वापसी यात्रा का आरक्षण मैं रद्द कर देता हूँ। मेरा सबसे महत्त्वपूर्ण काम यहाँ पर है। मुझे यू.जी. के शरीर का दाह-संस्कार करना है और भस्मी को ऐसी जगह ले जाना है जहाँ कोई कभी न पहुँच सके। मौत के लिए ज़िंदगी को रुकना पड़ेगा।

लैरी यू.जी. से बात करने की कोशिश कर रहा है। मैं अंदर आता हूँ और जानने की कोशिश करता हूँ कि क्या कोई मदद कर सकता हूँ। नज़दीक आने पर उनकी नज़र कुछ ऐसी दिखाई देती है, पूरी बीमारी के दौरान जैसी कभी दिखाई नहीं दी। वे सिर्फ़ देख रहे हैं, लेकिन किसी को पहचानने का कोई चिन्ह दिखाई नहीं देता। अपने अंदर की सिसकी को दबाते हुए लैरी कहता है, "सुज़न को बुलाओ। वे हमसे छूट रहे हैं।" मैं दौड़कर उसे बुलाता हूँ। उसका रवैया लैरी से भिन्न है क्योंकि वह डॉक्टर है, पूरी तरह शांत है। हम यू.जी. को पीठ के बल लिटा देते हैं। वे साँस लेते हैं। लैरी

रोने लगता है। सूरज डूब चुका लगता है। बाक़ी है सिर्फ़ बाद का प्रकाश। यू.जी. रह रह कर मेरी तरफ़ नज़र करते हैं। पता नहीं, शायद कुछ कहना चाहते हैं। सोनी को ख़बर करने के लिए मैं बाहर जाता हूँ। उसकी बहन जिनीवा से आयी है। दोनों जोधपुर में छुट्टियाँ बिता रही हैं। मैं फिर गुफा में दाख़िल होता हूँ। यू.जी. मेरी तरफ़ देखते हैं और पास बैठने का इशारा करते हैं। जल्दी से आगे बढ़कर मैं उनके पास बैठ जाता हूँ। वे मेरी तरफ़ ताकते रहते हैं। मैं उनकी तरफ़ मुस्कराता हूँ। वे घूरकर मेरी तरफ़ देखते हैं। शायद जानना चाहते हैं कि उनके प्रस्थान को मैं किस तरह झेल रहा हूँ। मैं बिल्कुल ठीक हूँ और जानना चाहता हूँ कि यह बात यू.जी. मेरे चेहरे पर देख रहे हैं। यू.जी. मुझे मजबूर कर रहे हैं कि मृत्यु की इस प्रक्रिया को मैं स्लोमोशन या धीमी हरकत के रूप में बहुत नज़दीक से देखूँ। ऐसा लग रहा है जैसे नारंगी रंग वाले बड़े सूरज को मैं विशाल महासागर में डूबता हुआ देख रहा हूँ।

20 मार्च 2007

बैलेक्रोसिया

हम लोग 'भेड़िये की घड़ी' की तरफ़ बढ़ रहे हैं। मेरे एक मात्र साथी हैं अलाव-घर की चटख़ती हुई लपटें, घड़ी की टिक टिक और यू.जी. की तेज़ साँसें। बड़ी सुबह के दो बज गये हैं। मेरी पाली अब शुरू हो गयी है। यू.जी. के साथ मेरे रिश्ते के ये सबसे ज़्यादा महत्त्वपूर्ण पल हैं। यहाँ बैठा मैं अपने आपसे एक बहुत ही बुनियादी सवाल पूछता हूँ : वह क्या चीज़ है जो मैं चाह रहा हूँ? मैं चाहता हूँ कि वे जीवित रहें या मैं चाहता हूँ कि वे चले जाएँ? 'चले जाएँ' ही जवाब है। मैं वही चाहता

हूँ जो वे चाहते हैं। जीवन के कठोर खुरदुरे किनारे घिस कर चिकने बन गये लगते हैं और मेरे अंदर एक सर्वव्यापी सौम्य एहसास पैदा हो गया है। कमरा अब आग का वह दरिया नहीं है, जिससे व्यक्ति भागना चाहता है। अब वह किसी वृक्ष की शीतल छाया की अनुभूति देता लगता है।

सुबह के तीन बजकर चालीस मिनट। नींद की दहलीज़ से मैं अपने आपको खींच लेता हूँ और तेज़ी से लिखना शुरू कर देता हूँ। उनके बिलकुल पास फ़र्श पर लेटा हूँ, ठीक उसी तरह जिस तरह उनके सान्निध्य में हमेशा लेटता रहा हूँ। चाहता हूँ कि एहसास ख़ुद अपने आपको लिखित रूप दे दे। लिखकर आप किसी एहसास को जमा नहीं सकते। मैं निकल जाता हूँ फ़व्वारे के नीचे नहाने के लिए। लौटता हूँ तो पाता हूँ कि यू.जी. तकलीफ़ में हैं। अपने सिर को इधर-उधर कर रहे हैं। साँसों को खींचने की पूरी कोशिश कर रहे हैं। मैं उनके पास पहुँच जाता हूँ। मेरी तरफ़ देखते हैं और फिर एक बार बैठने का इशारा करते हैं। हमेशा की तरह वही करता हूँ जो वे कहते हैं। बैठते-बैठते लगभग दो साल पहले कही गयी यू.जी. की बात मुझे याद आ जाती है। मज़ाक करते हुए उन्होंने कहा था, ''इस बात का फ़ैसला भावी इतिहासकार ही करेंगे कि मैंने तुम्हें मशहूर किया या तुमने मुझे शोहरत दी।'' मेरे दिमाग़ में उनकी हँसी आज भी गूँज रही है।

किचन में जाकर मैं सुबह का नाश्ता करता हूँ। इतना स्वादिष्ट नाश्ता पूरी ज़िंदगी में मैंने कभी नहीं किया। मेज़ पर दो इतालवी क्रोसों रखे हुए हैं। जब से यहाँ आया हूँ, जीवन की असामान्य लय ने हमें मजबूर कर दिया है कि हम दूसरों के छोड़े हुए पदार्थ और डबल रोटी के सूखे टुकड़े खाएँ। इस ''डेथ वार्ड'' या ''मृत्यु कक्ष'' में सुज़न ने पहल की है और पदार्थ सूची में परिवर्तन कर दिया है। बड़े से इतालवी

क्रोसों के अंदर पार्मलेड है। यू.जी. ने नौ दिनों से एक भी दाना नहीं खाया है। मेरी आँखों के सामने पड़े उखड़ती साँसों वाले इस शरीर के अंदर क्या चल रहा होगा? मारियो फ़ोन करता है और बताता है कि दाह-गृह वालों को यू.जी. की वसीयत की ज़रूरत होगी। मैं उससे कहता हूँ कि मित्रा को फ़ोन करे कि वह ग्स्ताद से वसीयत लेकर लौट आये। मैं मारियो को यह हिदायत भी देता हूँ कि वह किसी को भी न बताए, विला के अंदर क्या हो रहा है। मैं इस भ्रम को तोड़ देना चाहता हूँ कि यह एक तरह का आश्रम है, ''गुरुजी'' के स्वास्थ्य के बारे में नवीनतम सूचनाएँ देने के लिए जहाँ मैं आया हूँ।

यू.जी. फिर इशारे करने की कोशिश कर रहे हैं। मैं लैरी को बुलाता हूँ, शायद वही समझ सके कि यू.जी. क्या कह रहे हैं। लेकिन कोई समझ नहीं सकता। अब वे मुझे बैठने का इशारा करते हैं। चकित और भयाक्रांत मैं उन्हें देखता रहता हूँ। आगे बढ़ता हूँ और उनके पाँव पर हलका स्पर्श करता हूँ। पाँव ठंडा है लेकिन मेरे स्पर्श की उस पर प्रतिक्रिया होती है। उनके पैर क्यों ठंडे हैं, इसका स्पष्टीकरण देते हुए सुज़न कहती है, ''सारा रक्त शरीर के केंद्र स्थल में चला गया है।'' भयभीत करने वाली घड़ी आ गयी है। सुबह के 4.15 का समय हुआ है। लेकिन होता कुछ नहीं। सुज़न पूछती है, ''तुम्हें मालूम है कि मरणासन्न व्यक्तियों और बहुत कम उम्र वालों के लिए हमारा संरक्षणात्मक रवैया क्यों होता है?'' फिर समझाती है, ''क्योंकि मनुष्य की नस्ल के अंदर आत्म-संरक्षण के लिए यह सहज बोध कूट-कूट कर भरा हुआ है।'' सुज़न का यहाँ होना हमारे लिये बहुत बड़ा सहारा है। उसका अपना बेटा वर्षों तक अपाहिज बना रहा। उसकी दर्द और बीमारी को उसने झेला है। वह जानती है कि नाज़ुक हालत में पड़े व्यक्ति की देखभाल कैसे की जाए। लेकिन पुरानी स्थिति और इस

स्थिति के बीच के बुनियादी अंतर है। हममें से किसी को भी यह नहीं करना है कि वह बुज़ुर्गवार को बचाये और जाने से रोके।

मैं अपने सोने के कमरे में हूँ। संलग्न स्नानघर की तरफ़ बढ़ती हुई सुज़न कहती है, ''बहुत ही अजीब ढंग से बार बार करवटें बदल रहे हैं।'' नीचे जाकर मैं गुफा में दाख़िल होता हूँ। लैरी का सुझाव है, मैं मारियो को ख़बर न दूँ कि गुफा में क्या हो रहा है। वह कहता है, ''मारियो हर किसी को फ़ोन करेगा और बता देगा। हम लोगों के लिए यहाँ समस्या खड़ी हो जाएगी।'' वह उठता है और दरवाज़े की तरफ़ बढ़ जाता है।

कुछ देर बाद कमरे की हवा में हँसी की गूँज फैल जाती है। लैरी और सुज़न हँस रहे हैं और अपनी शादी की चर्चा कर रहे हैं। बता रहे हैं कि यू.जी. ने कैसे हरी बत्ती दिखा दी कि दोनों विवाह बंधन में बँध जाएँ। उस लंदन यात्रा की चर्चा करता है जो वह यू.जी. के साथ करने वाला था, लेकिन कभी कर नहीं सका। मैं सुझाव देता हूँ कि अब कर लें वह यात्रा। सुझाव उसे आकर्षक लगता है। सरदी बढ़ती जा रही है। हमारी आकर्षक नेकदिल मेज़बान लूसिया बताती है, ''ये उत्तर ध्रुव की हवाएँ हैं जो पहाड़ों के ऊपर बह रही हैं।'' लूसिया लैरी के इस सुझाव का विरोध करती है कि यहाँ जो कुछ हो रहा है, मारियो को न बताया जाए। दख़ल देकर मैं समस्या को हल कर देता हूँ। मेरा कहना है कि जो कुछ हो रहा है, मारियो लोगों को बताएगा भी तो इस आख़िरी दृश्य में हिस्सा लेने के लिए मैं किसी को यहाँ आने नहीं दूँगा।

सुज़न कहती है, ''नर्सिंग होम में मरने वाले किसी और वृद्ध की तरह ही यू.जी. दिख रहे हैं।''

मैं कहता हूँ, ''तुम्हारे मुँह से यह सुनना यू.जी. को बहुत अच्छा लगेगा।'' यू.जी. को हमेशा यह सुनना पसंद था कि वे एक साधारण व्यक्ति

हैं जबकि हम लोग हर समय इससे ठीक उलटा सुनना चाहते हैं।

कोई चीज़ मुझे इस बात के लिए प्रेरित करती है कि पता करूँ, इटली में भारतीय नागरिक के दाह-कर्म की क्या प्रक्रिया है। रोम स्थित भारतीय दूतावास को मैं फ़ोन करता हूँ। कौंसुल जनरल बहुत ही सौजन्यपूर्ण और सौम्य ढंग से बताते हैं, "दाह-कर्म के लिए अनुमति लेनी होगी।" फ़ोन पर आने में उन्होंने ज़रा भी समय नहीं लगाया। ऐसा लगता है कि मेरे नाम की यह शक्ति है, दरवाज़े अपने आप खुल जाते हैं चीज़ों को तेज़ी से निबटाने के लिए वे मुझे मिलान का एक टेलीफ़ोन नंबर देते हैं। कहते हैं, "वे आपका मार्गदर्शन करेंगे।" मिलान के नंबर से मुझे कोई जवाब नहीं मिलता। तब मैं विदेश राज्य मंत्री ई.अहमद के व्यक्तिगत सचिव रविशंकर को फ़ोन करता हूँ कि वे ही मेरी सहायता कर सकें। रवि ने पहले की काफी मदद की है। कहते हैं, "कल इन लोगों से बात करूँगा।"

लुसिया कहती है कि मुरदा घर कर्मचारियों ने सूचित किया है कि भारतीय वाणिज्य दूतावास के पत्र की उन्हें कोई ज़रूरत नहीं है। वह ज़ोर देकर कहती है, "चूँकि आप भस्मी को वापस भारत ले जाना नहीं चाहते, भारतीय क़ानून यहाँ इटली में लागू नहीं होते।" मिलान के भारतीय वाणिज्य दूतावास के रवि थापर से बात करता हूँ। रवि आश्चर्यचकित है कि मौत से पहले ही मैं सरकारी प्रक्रिया चालू करवाना चाह रहा हूँ। अपनी बात समझाते हुए रवि कहते हैं, "जन्म मरण के मसले हम नश्वरों के हाथों में नहीं हैं। हम उनके बारे में पहले से कुछ नहीं कह सकते।" फिर भी वे वादा करते हैं, घंटे भर के अंदर ही मुझे वापस फ़ोन करेंगे और बताएँगे कि एक आसान दाह-कर्म की व्यवस्था करने के लिए क्या करना ज़रूरी है।

मिलान के वाणिज्य दूतावास से मुझे फ़ोन आता है। रवि थापर

ही फिर फ़ोन पर हैं। देख रहा हूँ भारतीय वाणिज्य दूतावास और ख़ास तौर पर रवि थापर, परिस्थिति से निबटने में मेरी मदद के लिए आगे आ रहे हैं। मेरी लिखी हुई यू.जी. की जीवनी के तीन अध्याय इंटरनेट पर पिछले एक घंटे में उन्होंने पढ़ लिये हैं। वे कहते हैं, "बहुत दबंग अभिव्यक्ति हैं यू.जी.। और आपका लेखन सीधे आपके दिल से आता है।" रवि के स्वर में सम्मान का भाव है। जो चीज़ उन्हें चकित कर रही है वह यह कि यू.जी. की भस्मी को मैं वापस भारत नहीं ले जा रहा हूँ। फ़ोन रखने से पहले वे कहते हैं कि अपने दाह-कर्म सम्बन्धी यू.जी. के अधिकार-पत्र की अगर ज़रूरत हुई तो वह मुझे फ़ोन पर बताएँगे।

तापमान गिरता जा रहा है। विला की केंद्रीय हीटिंग चालू करने के लिए मैं लूसिया की मदद लेता हूँ। सुज़न कहती है, "रात काफ़ी लंबी और काफ़ी सर्द होगी। घर को गर्म रखने की ज़रूरत है।" अलबूकर्क में उनका गिरजाघर है। उससे संबंधित कार्य को फ़ोन पर ही वह निबटा देती है। इस शांत सौम्य महिला को पिछले सोलह वर्षों से मैं जो नहीं जान सका था, पिछले चार दिनों में मैंने उससे कहीं बेहतर जान लिया है।

लैरी और मैं, हम दोनों किचन में जाकर अपने काम की ओर ध्यान देते हैं। हमारे न चाहते हुए भी हमारे व्यवसायों के दबाव इस दूर के नगर बैलेक्रोसिया में हम पर असर कर रहे हैं। शर्त लगाकर कह सकता हूँ कि हमें अपना काम करते देख यू.जी. बहुत खुश होते। उन्होंने लोगों को हमेशा अपने से दूर दुनियादारी में धकेला है और जब उन्होंने अपने काम में नाम कमाया है, तो उनकी तारीफ़ की है।

मैं गुफा में वापस आता हूँ। अँधेरा छाया है। बत्ती जलाता हूँ। दृश्य वही पुराना हे। यू.जी. सोफ़े पर पड़े हैं और सुज़न आँखें बंद किये बैठी है। मारियो का फ़ोन है, "यू.जी. की वसीयत लेकर मित्रा आ गया है।"

मैं उससे कहता हूँ, "वसीयत अभी मेरे पास लाओ।" उससे मिलने के लिए कमरे से बाहर सीधे विला के पिछले दरवाज़े की तरफ़ जाता हूँ। मारियो जैसे ही कार से बाहर आता है मुझे लगता है कि बहुत ही अनिश्चित और दुःखी स्थिति में है। पूछता है, "यू.जी.कैसे हैं?" सवाल को वह अपने में समेट कर नहीं रख सकता। मैं उसके सामने स्थिति की तस्वीर पेश करता हूँ। बहुत ही ध्यान से सुनता है। फिर मेरी तरफ़ देखकर चिंता से पूछता है, "तुम ठीक हो न?" मैं मुस्कराता हूँ।

मैं वसीयत पढ़ता हूँ। ऐसा लगता है कि स्कूल में मेरा पहला दिन है। समझ में कुछ भी नहीं आता। सुज़न मुझे समझाने की पूरी कोशिश करती है। लैरी उसका साथ देता है और कुछ बातें मुझे समझाने में सफल भी हो जाता है। यह देखकर कि अब भी पूरी बातें समझ में नहीं आयी हैं, चीज़ों को निबटाने के लिए अपनी मदद देने का आश्वासन देता है। दिन जैसे जैसे रात में तब्दील होता जाता है, रुपये पैसे की चर्चा मृत्यु के मसले को पीछे फेंक देती है।

21 मार्च 2007

बैलेक्रोसिया

लैरी आवाज़ देता है, 'महेश।' मैं उछलकर बिस्तर से बाहर आ जाता हूँ और उस कमरे की तरफ़ बढ़ता हूँ जहाँ यू.जी. हैं। बड़े शांत भाव से लैरी कहता है, "उन्होंने सिर हिलाना बंद कर दिया है। लगता है हम वहाँ आ गये हैं। ज़रा सुज़न को बुला सकते हो?" सर्द रात के बीच मैं तेज़ी से बाहर जाता हूँ। फिसलन भरे लकड़ी के सँकरे ज़ीने के पास जाकर सुज़न को आवाज़ देता हूँ। उसका जवाब आता है, "आ रही हूँ।" हम तीनों कमरे में जमा हो गये हैं। पाते हैं कि उनकी साँस बहुत धीमी,

हो गयी है। दहलीज़ पर पहुँच गये हैं, लेकिन अभी वहाँ नहीं पहुँचे हैं इंतज़ार अब भी जारी है। यू.जी. के बैलेक्रोसिया निवास का सातवाँ हफ़्ता आज ख़त्म हो रहा है। अलास्का और कोरिया में बिताये अपने फ़ौजी जीवन की कहानियाँ सुनाकर लैरी हमारा दिल बहलाता है।

सुबह के तीन बजे हैं। यू.जी.अब भी जीवितों के संसार में हैं यद्यपि साँस बहुत धीमे चल रही है। मैं अपनी पतलून बदलने बाहर चला जाता हूँ। क़मीज़ भी कई दिनों से पहने हुए हूँ। स्नानघर के सिंक में उसे धोता हूँ। इसके बाद एक छोटी सी झपकी लेता हूँ। फिर यू.जी. की गुफा में लौट आता हूँ। सुज़न कहती है, "वैसे ही हैं। कोई बदल नहीं।" मैं पल भर उन्हें देखता हूँ फिर उठ जाता हूँ। बाहर जाने से पहले यू.जी. के पैर यह देखने के लिए छूता हूँ कि उनकी क्या प्रतिकिया होती है। वे सर्द और बेजान हैं, यद्यपि अँगूठा अब भी नर्म लगता है। सुज़न से कहता हूँ, "मेरे स्पर्श का कोई असर नहीं हुआ।"

"तुम्हारा ख़्याल है, मर रहे हैं?"

मैं कहता हूँ, "ऐसा लगता है।" झुक कर हलके से उनके ठंडे पैरों को चूमता हूँ, फिर बाहर निकल आता हूँ। एक नयी सुबह हो रही है। तूफ़ान गुज़र चुका है। बिल्ली मीना दौड़कर मेरे पास आती है। अभिभूत होकर झुकता हूँ कि उसे इस बार देर तक थपथपा सकूँ। पता नहीं क्यों, आज ज़िंदगी को प्यार करने की इच्छा महसूस कर रहा हूँ। सुबह के 10.24 हुए हैं। सूरज निकल आया है। सुबह की शबनमी बूँदें घास की हर पत्ती पर अब भी ठहरी हुई हैं। सूरज के प्रकाश में चमकने लगती हैं। सोनी उदयपुर में है। यहाँ की स्थिति के बारे में मैं उसे सूचित करता हूँ। उसका एस.एम.एस बताता है कि यू.जी. जिस ढंग से दुनिया को अलविदा कह रहे हैं, उससे वह बुरी तरह आहत है। वह लिखती है, "मरने की यह कैसी प्रक्रिया है! और कैसी तीव्र

जीवन-शक्ति है जो मृत्यु चाहने वाले के अंदर अब भी मौजूद है। मैं समझ नहीं पाती हूँ। और तुम तो हमेशा अधीर रहते हो, कैसे धीरज के साथ अपने मित्र के जाने का रास्ता देख रहे हो। तुम्हारे लिये यह कैसी परीक्षा है, मैं कल्पना नहीं कर सकती। इस सबने मुझे बहुत विचलित कर दिया है।''

लैरी मॉरिस कहता है, ''जब भक्ति या समर्पण हो तो चुनाव नहीं किया जाता है। लोग सोचते हैं कि क्रिया में चुनाव होता है, लेकिन यह सही नहीं है।'' मैं उससे सहमत हूँ। जिस तरह प्राप्त शरीर का श्रेय नहीं लिया जा सकता, उसी तरह किसीके प्रति महसूस होने वाली भक्ति-भावना पर घमंड नहीं किया जा सकता।

कुछ बातों के स्पष्टीकरण के लिए रवि थापर का फ़ोन आता है। थोड़ी देर बाद लूसिया, मारियो और मैं नगर कार्यालय में जाते हैं। यह पता लगाना चाहते हैं कि मेरे बुज़ुर्गवार का दाह-कर्म करने के लिए उन्हें कुछ दस्तावेज़ों की ज़रूरत तो नहीं है। नगर कार्यालय एक शांत स्थान है और प्रभारी अफ़सर एक कार्यकुशल व्यक्ति है। स्पष्ट और संक्षिप्त बात करता है और हमारी सारी शंकाओं को यह कहकर ख़त्म कर देता है कि सभी ज़रूरी काग़ज़ हमारे पास हैं बाहर रास्ते पर आता हूँ तो महसूस करता हूँ कि सात दिन हो गये, मैं विला से बाहर नहीं निकला। सारिटो को जब यह मालूम होता है तो पूछती है, ''कैसा महसूस होता है?''

मैं बताता हूँ, ''दुनिया वास्तविक नहीं लगती।''

जो काम मैं कर रहा हूँ, उसकी तारीफ़ करते हुए मारियो कहता है, ''तुम अच्छे लग रहे हो।'' अपनी बात के एक एक शब्द की सचाई जताते हुए मैं कहता हूँ, ''मुझे यह काम ठीक से ही करना है। मेरी ज़िंदगी का सबसे महत्त्वपूर्ण काम है यह।''

विला में पहुँचते हैं तो सुज़न हमें सूचित करती है कि हज़ारों चींटियों ने गुफा पर हमला कर दिया था। मैं कहता हूँ, "यू.जी. के शरीर पर पार्टी मनाने के लिए जा रही हैं।" यू.जी. के एक बार कहे हुए शब्द मुझे याद आते हैं, "जब मौत होती है, या होने वाली होती है, चींटियों को सबसे पहले मालूम हो जाता है।" इस अर्थ में शरीर अमर है, मृत्यु के बाद भी जीवन को जारी रखने में योगदान करता है। यू.जी. का अपना जीवन उनके शब्दों की पुष्टि कर रहा है। कुछ दिनों पहले यू.जी. ने हमें बताया था—यहाँ जो है, साँस लेने वाला और धड़कने वाला शरीर है। भारहीन रूपाकार का एहसास है। साँस का रुकना ही वह चीज़ है जिसे तुम कहते हो कि मृत्यु हो गयी है। इसके बाद रूपाकार का क्या करना है, यह समस्या तुम्हारी है। मेरे अंदर कोई भय या दिलचस्पी नहीं है कि मैं मृत्यु को रोकूँ और इस शरीर को जारी रखूँ।

22 मार्च 2007

बैलेक्रोसिया

यू.जी. की हलचल लगातार कम होती जा रही है और इतनी धीमी है कि नज़र भी नहीं आती। मुझे लग रहा है कि धीरे-धीरे वे मौत की बाँहों में सिमटते जा रहे हैं। सुबह 3.50 पर सुज़न दाखिल होती है। पिछले सात दिनों से बड़ी नियमितता के साथ ठीक समय पर आ जाती है। बैठने से पहले ही पूछती है कि यू.जी. कैसे हैं। मैं उसे नवीनतम स्थिति के बारे में बताता हूँ। हम ख़ामोशी से कमरे में बैठते रहते हैं। अचानक सुज़न एक नि:श्वास छोड़ती है जिसकी आवाज़ कमरे में गूँज जाती है। पिछले कई दिनों से हम लोगों को जो कुछ महसूस हो रहा है, यह

नि:श्वास उसकी सबसे ज़्यादा मुखर अभिव्यक्ति है। अब सुबह के पाँच बज गये हैं। सुज़न मेरे लिये एक कप कॉफ़ी लायी है। इसकी सुगंध अलौकिक लगती है। कॉफ़ी की चुस्कियाँ लेता हूँ और अपने सबसे अच्छे दोस्त को मरता हुआ देखता हूँ। बाहर सूरज निकल आया है, मगर सरदी अब भी बहुत है।

सुबह 8.15 पर सुज़न अचानक चीख़ पड़ती है, "ओ माई गॉड। महेश। ये चींटियाँ देखो।" मुड़कर देखता हूँ। हज़ारों काली चींटियों ने सफ़ेद ग़ालीचे से सफ़ेद सोफ़े पर होते हुए यू.जी. के पथराये चेहरे तक एक क़तार में रेंगना शुरू कर दिया है। वे चहेरे पर इस तरह फैल गयी हैं कि चेहरे का बायाँ हिस्सा बिल्कुल काला पड़ गया है। हम लोग नज़दीक आते हैं तो एक परस्पर विरोधी स्थिति दिखाई देती है। चींटियों में जीवन की तीव्रता है, लेकिन यू.जी. के चेहरे पर एक गहरी जड़ता। मैं चीख़ता हूँ, "लैरी।" ज़ाहिर है कि हमें ज़्यादा मदद की ज़रूरत है। बहुत ही शांति के साथ उन चींटियों को यू.जी. के चेहरे से हटाना है जिन्हें वे हमेशा अपना मित्र बताते हैं।

सुज़न कीट-नाशक स्प्रे का इस्तेमाल करती है। पर्यावरण-पोषक यह स्प्रे एक दिन पहले ही लायी थी। तब हमें नहीं मालूम था कि इतनी जल्दी इसका काम पड़ जाएगा। बड़े संघर्ष के बाद यू.जी. के चेहरे पर से चींटियों को हटा पाते हैं। इसके बाद सुज़न अपनी डॉक्टरी कुशलता का प्रयोग कर यू.जी. की चादरें बदल देती है। 'सामान्य वातावरण' लौट आता है। एक सवाल है जो पूछा नहीं गया, फिर भी हम सबको परेशान कर रहा है। हम सब लोग यू.जी. पर नज़र रखे थे, फिर भी चींटियाँ सीधे यू.जी. तक क्यों पहुँच गयीं? लैरी समझाता है, "वे तब आती हैं जब आप बिल्कुल स्थिर होते हैं। इस कमरे में जब मैं ध्यान में डूब जाता था, वे मुझ पर भी रेंगने लगती थीं।"

"मनुष्य अगर इस तथ्य को स्वीकार नहीं करता कि उसकी औक़ात मच्छर या चींटी से अधिक नहीं है, तो उसका विनाश अटल है।" यू.जी. के न सार-गर्भित शब्दों को चींटियों के इस आगमन ने उजागर कर दिया है। इसने मुझे इस सत्य का दर्शन करा दिया है कि सारे ईश्वर अंततोगत्वा नष्ट हो जाएँगे और जीवन का प्रकृत रूप ही ज़िंदा रहेगा।

सुबह की घटना ने हम सबको हिला कर रख दिया है। अपना संतुलन प्राप्त करने के लिए मैं ख़ूबसूरत बाग़ीचे में टहलना शुरू कर देता हूँ। पाकिस्तान से एक फ़ोन आता है और मैं वास्तविक दुनिया में लौट आता हूँ। यह देश राजनीतिक अशांति के दौर से गुज़र रहा है। राष्ट्रपति परवेज़ मुशर्रफ़ को जाना पड़ सकता है। दोपहर तक मैं बेचैन होने लगता हूँ। कोने में रखे एक छोटे से फ्रिज तक जाता हूँ, उसे खोलता हूँ। लियोनिडास चॉकलेटों का एक सुनहरा डब्बा रखा हुआ है। निकालकर बड़ी ललक के साथ उसे खोलता हूँ। उसके अंदर चार चॉकलेट हैं। सुज़न और लैरी के सामने पेश करता हूँ। वे एक एक ले लेते हैं। "डब्बे में हाथ डालकर ठंडे मलाईदार सफ़ेद चॉकलेटों को हाथ में ले लेता हूँ, फिर अपने सामने पड़े हुए यू.जी. की तरफ़ मुड़कर ('हैप्पी बर्थ-डे' की तर्ज़ पर) कहता हूँ, 'हैप्पी डेथ डे यू.जी.' ('मृत्यु दिन सुखद हो यू. जी.'), फिर इन चॉकलेटों को अपने मुँह में डाल लेता हूँ।

दोपहर 2.33 पर हम फ़ैसला करते हैं कि सड़कों पर भटकेंगे ताकि कोई नहीं देख रहा होगा और यू.जी. चुपचाप निकल जाने का मौक़ा पा लेंगे। लैरी, सुज़न और मैं इस नतीजे पर पहुँचे हैं कि यू.जी. तब तक नहीं जाएँगे जब तक हममें से कोई भी कमरे में रहेगा। बीमार और मरणासन्न लोगों के साथ सुज़न का यही अनुभव है। उसने ही यह विचार हमारे दिमाग़ों में डाला है।

अब लैरी और सुज़न बाग़ीचे में हैं और आवाज़ देकर मुझे अपने पास बुला रहे हैं। सब कुछ स्थिर और शांत है। मैं दरवाज़े की तरफ़ बढ़ता हूँ, फिर मुड़ता हूँ। मेरे स्वामी और गुरु अब तक जीवित हैं और साँस ले रहे हैं। झुक कर मैं उनके चरण छूता हूँ। सफ़ेद राख जैसी त्वचा की परत उन चरणों पर चढ़ी हुई है। मेरी धड़कन बढ़ जाती है, लेकिन पैरों की उन उंगलियों में जीवन का कोई चिन्ह नहीं है जिनके साथ मेरा घनिष्ठ सम्बन्ध रहा है। उनकी तरफ़ प्यार से ताकते हुए मैं कहता हूँ, ''यू.जी., मैं बाहर जा रहा हूँ ताकि आप जा सकें। हो सकता है कि मेरे लौटने पर आप मुझे न मिलें। इसलिए अभी ही उस सबके लिए धन्यवाद देता हूँ जो आपने मेरे लिये किया।'' एक विस्फोटक ख़ामोशी छायी है। उसके बीच कोई चीज़ मुझसे कह रही है कि मेरे शब्द किसी उदात्त रूप में उनके पास पहुँच गये हैं। झुक कर उनके पैरों को चूमता हूँ और एक साहस भरा प्रयास करता हूँ कि बाहर चला जाऊँ, लेकिन नहीं जा पाता, क्योंकि मैं 'मैं' हूँ। यू.जी. ऐसा कर सकते थे। चीज़ों को छोड़कर जा सकते थे, घूमकर देखते भी नहीं थे। लेकिन मैं ऐसा नहीं कर सकता। इसलिए मैं मुड़ता हूँ और उनकी तरफ़ देखता रहता हूँ। इस पल को गहराई से अपने अंदर उतार लेता हूँ। अनादि अनंत काल काल के बीच यही एक पल है जो हमेशा मेरे साथ रहेगा, हमेशा मुझे जीने की शक्ति देता रहेगा। वहाँ से चल पड़ता हूँ। एक अजीब एहसास मेरे साथ है कि दूर जा रहा हूँ फिर भी यू.जी. के पास खड़ा हूँ। इसी समय मेरे मोबाइल में बीप की आवाज़ होती है। मेरे भतीजे विशेष का एस.एम.एस है, ''कृपया मेरी तरफ़ से यू.जी. को धन्यवाद दीजिए। मेरी ज़िंदगी में उनसे मिलने का जो महत्त्व है, उसे बताने के लिए मेरे पास शब्द नहीं हैं।''

बैलेक्रोसिया के दोपहर के अलसाये सुनसान रास्तों पर सुज़न,

लैरी और मैं भटकते रहते हैं। एक डिपार्टमेंट स्टोर में दाख़िल होते हैं और यह जानने की कोशिश करते हैं कि हममें से किसी को क्या कुछ ख़रीदना है। महसूस करते हैं कि विला से दूर रहने का हमारे पास एक ही बहाना है। इसके बाद हम एक कॉफ़ी बार में दाख़िल होते हैं और कैपूचिनो पीते हैं। टी.वी. पर एक इतालवी धारावाहिक चल रहा है। कॉफ़ी घर ख़ाली है। जो महिला उसे चलाती है, ख़ुश है कि इस अनपेक्षित घड़ी में उसे कुछ ग्राहक मिल गये हैं। यू.जी. को इस तरह छोड़ देने के लिए सुज़न अपने आपको अपराधी महसूस करती है। लेकिन मैं उससे कहता हूँ कि हम बिल्कुल सही काम कर रहे हैं और यह हमने ख़ुद चुना है। बहुत जल्द हमें महसूस होने लगता है कि विला से दूर रहने के सारे प्रयासों के बावजूद हम धीरे-धीरे विला की ओर ही जा रहे हैं। फाटक पार करते हैं, लेकिन विला के अंदर प्रवेश से अपने को रोकने की हम तीनों ही हर संभव कोशिश करते हैं। न जाने कहाँ से मीना आ जाती है और अपने रेशमी शरीर को मेरे पैर पर रगड़ने लगती है। मैं झुक कर उससे पूछता हूँ, "मेरा दोस्त अंदर है या चला गया?"

बाहर रहना लैरी को असंभव लगता है। गुफा के अंदर जाकर स्थिति का पता लगाने का वह फ़ैसला कर लेता है। काफ़ी देर तक वह हम लोगों से दूर ही रहता है। फिर हम उसकी आवाज़ सुनते हैं, "उन्होंने साँस लेना बंद कर दिया है।" हम कोशिश करते हैं कि अंदर जाने की जल्दी न करें। अपने आपको यह समझाने का प्रयास करते हैं कि अपने ऊपर पूरा नियंत्रण है और सब कुछ बिलकुल सामान्य है। अंदर जाकर मैं पाता हूँ कि जिस स्थिति में उन्हें छोड़कर गया था, ठीक उसी स्थिति में पड़े हुए हैं। उनकी आँखें खुली हुई हैं। मैं उन आँखों में झाँकता हूँ। कहता हूँ, "वे जा चुके हैं।" मेरे बुज़ुर्गवार

ने अपना वादा पूरा किया कि अपने अंतिम पल में वे सिर्फ़ मुझे देखना चाहते थे। ऐसा ही हुआ है। हम सुज़न से कहते हैं कि उनकी नाड़ी देखे। वह ऐसा ही करती है। फिर हम दोनों की तरफ़ मुड़कर उनका हाथ पकड़े रहती है और कहती है, ''हाँ, जा चुके हैं।'' उस समय के उसके चेहरे को मैं कभी भूल नहीं सकता।

मौत के बाद

22 मार्च 2007

बैलेक्रोसिया

मेरा दिल, दिमाग़ और शरीर जड़ और स्थिर हैं। दोपहर की धूप में मैं बाहर आता हूँ और रवि थापर को फ़ौरन फ़ोन कर यू.जी. के देहांत की सूचना देता हूँ। मैं उनसे यह भी आग्रह करता हूँ कि भारत के मीडिया को इसकी ख़बर न लगने दें। बोर्डीघेरा का अंत्येष्टि केंद्र मेरी तरफ़ से दाह-कर्म की ज़िम्मेदारी सम्हाल रहा है। यू.जी. की मृत्यु की सूचना पाते ही कुछ ही पलों में मारियो, सारिटो और लूसिया मदद करने आ गये हैं। सुनसान अंत्येष्टि केंद्र में मेरे साथ जाते हैं ताकि अगर कोई सरकारी बाधा आती है तो उससे निबटने में मेरी मदद कर सकें।

जल्द सारी योजना बन जाती है। कल दोपहर 2.30 पर एक कार आकर उन्हें दाह-गृह ले जाएगी। एक बार फिर आसपास के सभी लोगों को मैं हिदायत देता हूँ कि यू.जी. की मृत्यु की सूचना किसी को भी न दें। यह मैं इसलिए कर रहा हूँ ताकि किसी को ज़रा भी पता न चले कि उन्हें कहाँ जलाया गया है और उनकी भस्म का आख़िरी स्थान क्या होगा। मेरे बुज़ुर्गवार की यही मरज़ी थी और यह सब उनकी मरज़ी के मुताबिक़ ही होगा।

देर शाम को सुज़न, लैरी और मैं—हम तीनों किचन में पहली बार साथ-साथ भोजन करते हैं। यू.जी. की मृत्यु से पहले जो सुज़न उस कमरे को पल भर के लिए भी छोड़ना नहीं चाहती थी, वही सुज़न अब उस कमरे में क़दम रखने को भी तैयार नहीं है। वह कहती है, "उनका शरीर बदल गया है। उनकी मृत्यु के बाद जिस शांति और संघर्षहीनता का हमने अनुभव किया था, उस कमरे में अब नहीं है। तुम भी अब वहाँ जाना नहीं चाहोगे महेश।" पिछले आठ दिनों से हम तीनों ही जिस दौर से गुज़रते रहे हैं, सुज़न उसे सह लेने की कोशिश अब भी कर रही है।

सारी ज़िंदगी आसपास के लोगों को यू.जी. बार-बार यह संदेश देते रहे हैं, "संत महात्मा कहलाने के बजाय मैं एक ठग या जालसाज़ कहलाना ज़्यादा पसंद करूँगा। कृपा करो, मुझे पैग़म्बरों की श्रेणी में रखने की कोशिश बिल्कुल मत करो। मैं ज्ञानी सिद्ध पुरुष नहीं हूँ।" इसके बावजूद हम उन पर अपनी इच्छा को थोपते हैं, अपने लिये उन्हें हम जैसा चाहते हैं, वैसा बताना चाहते हैं। उन्होंने हमेशा ज़ोर दिया कि हम सचाई को देखें। मेरे दिमाग़ में उनकी जो तस्वीर है वह एक ऐसे ईश्वर की तस्वीर है जो आदिम युग के प्राणी की तरह दिख रहा है। इनके मुँह से गूढ़ सत्य बाहर कहीं आ रहे हैं, बल्कि घरघराती

जानवरों जैसी आवाज़ आ रही है। सुबह के सूरज के प्रकाश में लाखों काली चींटियाँ उनके पथराये चेहरे पर हमला कर रही हैं। क्या यही आख़िरी दृश्य मुझे देखना था? मैं यहाँ क्या देखने आया था? यू.जी. के नाम से जिसे जाना जाता है, उस धारणा की कहानी एक ही चीज़ रेखांकित करती है, कि वह नश्वर प्राणियों में से था और साधारण लोगों से अलग नहीं था। यू.जी. की कहानी उस मनुष्य की कहानी है जिसने देवता या ईश्वर बनने से इनकार कर दिया।

23 मार्च 2007

बैलेक्रोसिया

सुबह का प्रकाश मुझे जगा देता है, पहली बार उस दुनिया में ला देता है जिसमें यू.जी. नहीं हैं। मुझे बहुत तकलीफ़ है। रह-रह कर ज़ोर मारता सिरदर्द है और उसके साथ मेरे अंदर अवर्णनीय ख़ालीपन की धड़कती अनुभूति। पूरी कोशिश करता हूँ कि बिस्तर में ही पड़ा रहूँ, लेकिन अंदर एक आवेग है, जो अब तक मुझे चला रहा था, ठेल कर मुझे बिस्तर के बाहर कर देता है। सीढ़ियाँ उतरकर नीचे जाता हूँ। सुज़न किचन में है। उसकी रात बहुत बुरी गुज़री। हम इस चर्चा को जारी रखते हैं कि पिछले आठ दिन जो हमने यहाँ विला में गुज़ारे, हमारी ज़िंदगियों में उसका क्या महत्त्व है। जब बोलता हूँ, कॉफ़ी पीता हूँ और सूखी डबल रोटी का टुकड़ा चबाता हूँ तो बहुत गहराई से मेरे अंदर यह ख़्याल मौजूद होता है कि हमारी ख़ामोशियाँ एक एहसास से भरी हुई हैं। वह एहसास है कि बाज़ू के कमरे में हमारे बुज़ुर्ग दोस्त की लाश पड़ी हुई है।

मारियो और सारिटा आते हैं। मारियो सूचित करता है कि लूसिया

की रात बहुत बुरी गुज़री है। जब मैं पूछता हूँ कि क्यों, वो बताता है कि मेरे सुझाव को लेकर परेशान है। मेरा सुझाव है कि जो अनजान व्यक्ति यू.जी. को जलाएगा, उसी को भस्मी की व्यवस्था करने का काम सौंप दिया जाए। वह भस्मी को ऐसी अनजान जगह डाले कि अनुपस्थिति के कारण कोई भी न जान पाये कि वह कहाँ डाली गयी है। मुझे भी इसका पता नहीं चलना चाहिए। मैं यह नहीं कर पाऊँगा क्योंकि दाह-कर्म कम से कम छह हफ़्ते बाद होगा। चिता के लिए पहले से ही क़तार लगी है। इतने दिनों तक मेरा यहाँ रुकना लूसिया को भी और परेशानी में डालेगा। उसने हम लोगों के लिए पहले ही काफ़ी परेशानी उठायी है। उसकी उदारता का मैं और अधिक फ़ायदा नहीं उठाना चाहता। इसके अलावा यह ज़रूरी हो गया है कि हम अपनी रोज़मर्रा की ज़िंदगी में अब लौट जाएँ। यू.जी. यही चाहते रहे हैं।

भावुक लूसिया को मैं यह समझाने की कोशिश करता हूँ कि किसी काव्यात्मक और भावनात्मक आयोजन के साथ यू.जी. की कथा का अंत ज़रूरी नहीं है। अपने तमाम जीवंत आग्रह के बावजूद पाता हूँ कि मेरी बात उसे स्वीकार नहीं है। अब, मैं उसके साथ एक षड्यंत्र की रचना करता हूँ। यू.जी. की भस्मी को भूमध्य सागर में बिखेरने का काम उसे सौंपता हूँ। मेरे शब्दों का उस पर जादुई प्रभाव होता है। उसके आम तौर पर प्रसन्न रहने वाले चेहरे को जिन बादलों ने मटमैला बना रखा था, वे छँट जाते हैं। उस पर से एक भार उतर गया लगता है। मैं फुसफुसा कर कहता हूँ कि यह राज़ हम दोनों तक सीमित रहेगा और इस व्यवस्था के बारे में किसी को पता नहीं चलेगा। वह मुझे आश्वस्त करती है कि इस क़रार का वह पूरी तरह पालन करेगी। मेरे मन ने मुझसे ऐसा इसलिए करवाया क्योंकि लूसिया के लिए भी

समाप्ति का एहसास मुझे ज़रूरी लगा। आख़िरकार मरने के लिए यू.जी. को इतनी अच्छी जगह और कहाँ मिलती? लूसिया की उदारता ने ही इसे संभव किया।

लैरी, सुज़न और मैं, हम तीनों क्रेडिट स्विस बैंक, ग्स्ताद, के मार्टिन बर्ट्ज़बर्गर से फ़ोन पर संपर्क करते हैं। मैं चाहता हूँ कि यू.जी. के वसीयत का सारा भार जो मुझ पर छोड़ा है उसे जल्द से जल्द निबटाकर यहाँ से निकलूँ। लैरी और सुज़न मेरी पूरी मदद कर रहे हैं ताकि मेरे बुज़ुर्गवार ने मुझ से जो यह असामान्य माँग की है, मैं उसे पूरा कर सकूँ। यू.जी. को अच्छी तरह मालूम था कि बैंकिंग, वसीयत और अनुबंधों के बारे में मुझे कुछ पता नहीं है। कुछ ऐसा लगता है कि उस पार बैठे वे मेरे साथ कोई मज़ाक कर रहे हैं। लैरी इस काम को बड़ी कुशलता से निबटाता है।

बिना किसी पूर्व सूचना के बड़े सामान्य ढंग से अपने ग्रुप के लोगों के सामने अपना यह फ़ैसला घोषित करता हूँ कि यू.जी. की राख को बिखराने की ज़िम्मेदारी मैंने लूसिया को सौंपी है। बहुत ही निजी क़रार को सार्वजनिक करने का अचानक जो फ़ैसला मैंने कर लिया, लूसिया उससे चकित रह जाती है। फिर भी वह ख़ुश है कि वह ज़िम्मेदारी उसे सौंपी गयी है और यह फ़ैसला सभी को बताकर इस मामले में उसकी निष्ठा को मैं सार्वजनिक स्वीकृति दे रहा हूँ।

अंत्येष्टि केंद्र के लोग दोपहर 2.30 पर पहुँच जाते हैं। उनमें से कुछ तो इतालवी अपराध जगत पर बनी किसी फ़िल्म के हट्टे कट्टे गुंडों की तरह नज़र आते हैं। प्लास्टिक के दस्ताने पहने हुए वे लोग बहुत सम्हालकर यू.जी. के शव को उठाते हैं और लकड़ी के एक चक्करदार बक्से में रख देते हैं। इतना करने के बाद वे मेरी तरफ़ मुड़ते हैं। उनकी समझ में आ गया है कि मृतक

के साथ मेरा स्पष्ट भावनात्मक बंधन रहा है। इसके पहले कि यू. जी. पर का ढक्कन हमेशा के लिए बंद कर दें, वे चाहते हैं कि मैं उन्हें आख़िरी बार देख लूँ। लैरी और सुज़न ने जानबूझ कर अपने को इस स्थिति से क्यों दूर रखा है, वे ही जानते हैं। आख़िरी बार मैं यू.जी. को देखता हूँ, फिर पेटी बंद कर दी जाती है। रुपहले रंग की एक मर्सिडीज़ शव-वाहिनी में उसे ठेल दिया जाता है। गाड़ी के ऊपर शोभयमान ईसा मसीह के चित्र पर मेरी नज़र पड़ती है। मेरे चेहरे पर एक हलकी मुस्कराहट आ जाती है। अगर यू.जी. इसे देखते, तो कूद कर गाड़ी से बाहर आते और दौड़ कर अपनी जान बचा लेते। शव-वाहिनी का दरवाज़ा बंद होने से पहले लकड़ी के उस कॉफ़िन पर थपकी देकर मैं कहता हूँ, ''गुड बाई यू.जी.।'' कार बहुत जल्द नज़रों से ओझल हो जाती है। मेरे अंदर ख़ालीपन और मुक्ति का अहसास है। हर बार हवाई अड्डों पर उन्हें विदा करने के बाद इसी तरह की भावना मेरे मन में हुआ करती थी। मुड़कर चलना शुरू करता हूँ तो पैरों के नीचे की गिट्टियों की चरमराहट सुनाई देने लगती है। अपना मोबाइल निकालकर तब मैं दुनिया को यह सूचना देने लगता हूँ कि यू.जी. कृष्णमूर्ति का देहांत हो गया। इस समय दोपहर के तीन बजे हैं और गरमी काफ़ी है।

बिल्ली मीना यू.जी. की गुफा में चक्कर काट रही है। उस आदमी की तलाश कर रही है जो अब वहाँ नहीं है। गुहा के साथ मिलकर मारियो उस गुफा को झाड़-पोंछ कर साफ़ कर रहा है जहाँ यू. जी. ने आख़िरी साँस ली थी। कल सुबह तड़के मुझे नीस की उड़ान पर पहुँचना है। मेरी बेटी शाहीन यह मालूम करने के लिए फ़ोन करती है कि मैं ठीक हूँ या नहीं। उसे मालूम है कि यू.जी. के निधन का मुझ पर कितना बुरा असर हुआ है। फ़ोन बंद करने से पहले मैं कहता हूँ, ''मेरे

दिल में यादों के जलते हुए अंगार जमा हैं। कम्प्यूटर के परदे पर उन्हें लाने में तुम्हें मेरी मदद करनी होगी।'' मैं इस डायरी का ज़िक्र कर रहा हूँ जिसने लगभग ख़ुद ही अपने को लिखवा लिया है। लैरी और सुज़न डिनर के लिए मुझे बाहर ले जाते हैं। हम बड़े आकार का एक पीज़ा खाते हैं। पिछले आठ दिनों की साझी यादें हमें एक दूसरे से जोड़े हुए हैं।

24 मार्च 2007

बैलेक्रोसिया

सुबह के 3.30 का समय है। यह ख़ामोशी मेरे अस्तित्व को जला डालेगी। अपना सामान बाँध लिया है और एक बार फिर इस सड़क से गुज़रने के लिए तैयार हूँ। बहुत जल्द मारियो और गुहा आएँगे और मुझे नीस के हवाई अड्डे पर छोड़ देंगे। इस जगह को छोड़ते हुए अजीब से एहसास से भर जाता हूँ, कि यू.जी. अब इस जगह नहीं रहते। यह सही है कि बैलेक्रोसिया की इस विला से मैं दूर जा रहा हूँ, लेकिन मेरी मौत के दिन तक मेरा एक अंश हमेशा यहाँ रहेगा। फ्रांस सो रहा है और मारियो और गुहा नीस के सुनसान हवाई अड्डे पर मुझे छोड़ देते हैं। मैं दोनों मित्रों के गले लगता हूँ और अलविदा कहता हूँ, ''यू.जी. के बग़ैर की यह दुनिया ऐसी लगती है कि इसमें कोई गुरुत्वाकर्षण नहीं बचा है। जब वे जीवित थे, हम कहीं भी जाएँ, उनकी उपस्थिति का एहसास साथ होता था। हमारी भावनाओं के वे केंद्र थे। मेरे लिये वे मेरे काबा थे, मेरे काशी थे।'' हवाई जहाज़ पर जाने के लिए जैसे ही मैं टरमैक पर जाता हूँ, मेरे आसपास का प्रकाश बदल जाता है। एक ऐसी ख़ामोशी हम पर छा जाती है जो सारी

आवाज़ों को ख़त्म कर देती है। फिर बर्फ़ गिरनी शुरू हो जाती है। सरदी बढ़ जाती है, बहुत ज़्यादा बढ़ जाती है। उष्णता देने वाली एक याद एक गर्म झरने की तरह अचानक उभर आती है। वे 1970 के आख़िरी महीने थे। मैंने पहली बार योरप और ग्स्ताद की यात्रा की थी। बाहर बर्फ़ गिर रही थी। मैंने चीख़ कर कहा था, "ओ...बर्फ़।"

यू.जी. ने कहा था, "गाड़ी रोको।...जाओ, उसे छूकर देखो।"

कार से उतरकर जब बर्फ़ को मैंने अपने हाथों से छुआ तो देखा कि वे मुझे निहार रहे हैं। उनमें उस माँ की उष्मा थी जो अपने बच्चे को खेलता हुआ देखती है। इस याद ने मुझे अभिभूत कर दिया।

28 मार्च 2007

मुंबई

बहुत सुबह मैं लूसिया को फ़ोन करता हूँ। पता लगाना चाहता हूँ कि भस्मी को भूमध्य सागर में बहाया गया या नहीं। हमेशा की तरह मुस्तैदी से जवाब देती है, "आज शाम बहाऊँगी।" पृथ्वी पर यू.जी. बग़ैर का आज छठा दिन है। यू.जी. के बहुत नज़दीकी सभी लोग बहुत अच्छी स्थिति में हैं। गुरु की यह सबसे बड़ी जीत है। अपने पीछे उन्होंने अपंग लोग नहीं छोड़े हैं। देर शाम मैं लूसिया को फिर फ़ोन करता हूँ, जानने के लिए कि काम हुआ या नहीं। घंटी बज रही है, फ़ोन कोई ले नहीं रहा है। मेरा मन कहता है कि ठीक इसी समय वह भस्मी को बहाने का काम कर रही होगी। थोड़ी देर बाद मैं फिर फोन करता हूँ। वह जवाब देती है। मेरे सवाल पूछने से पहले ही कहती है, "महेश। जो काम तुमने मुझे सौंपा था, अभी-अभी मैंने पूरा कर दिया है।" नाव में बैठकर समुद्र में दूर तक निकल गयी थी। हवा के झोंकों

के साथ यू.जी.की राख को मैंने बहा दिया।'' लूसिया की आवाज़ में भावावेश है। उसके आसपास की हवा के तेज़ झोंकों की आवाज़ मुझ तक पहुँच रही है। मैं महसूस करता हूँ कि उसके अंदर एक गहरी संतुष्टि का भाव है। मैं लूसिया को अलविदा कहता हूँ, उसने जो कुछ किया है उसके लिए धन्यवाद देता हूँ। इस समय मेरा मन कल्पना कर रहा है कि चारों तरफ़ तेज़ हवाएँ बह रही हैं और लूसिया पाल नौका में खड़ी यू.जी. की राख को अपने पीछे की सफ़ेद फेन भरी धारा के हवाले कर रही है। मेरा काम ख़त्म हो गया है। अपने गुरु और स्वामी से जो वादा किया था, वह मैंने पूरा कर दिया। मैं भी नहीं जानता कि उनकी भस्मी की अंतिम यात्रा कहाँ ख़त्म हुई।

उपसंहार

प्रकोष्ठ का दरवाज़ा खुला। एक दुबला-पतला कमज़ोर आदमी मस्जिद के प्रांगण की तरफ़ जाने लगा। उसकी कमर झुकी हुई है। उसने एक लम्बा ढीला ढाला चोगा पहन रखा है। उसके कंधों पर एक चादर है। किसी क़बीले का पितामह लगता है। ये हज़रत अबू बक्र थे, रसूल पाक के बाद इस्लाम के सबसे महान व्यक्तित्व।

जब वे लोगों के बीच खड़े थे तो उनका शिकन भरा चेहरा और उनकी आँसू भरी आँखें उनके अंदर के दर्द को व्यक्त कर रहे थे। नपे-तुले शब्दों में उन्होंने कहा, "लोगो, मेरी बात सुनो। तुममें से जिन लोगों ने मुहम्मद की आराधना की है, जानते हैं कि हर और नश्वर व्यक्ति की तरह उनकी भी मृत्यु हो चुकी है। लेकिन तुममें से वे तमाम लोग जो मुहम्मद (पीबीयूएच) के अल्लाह की इबादत करते

हैं, जानते हैं कि वे ज़िंदा हैं और हमेशा ज़िंदा रहेंगे।'' जमा हुए तमाम लोगों में एक सन्नाटा छा गया। दु:ख की तीव्रता ने उन्हें स्तंभित और प्रतिहत कर दिया था। हज़रत अबू बक्र ने अपनी आँखों के आँसू पोंछे और क़ुरआन की इन आयतों को दोहराना शुरू किया, ''मुहम्मद पैग़म्बर हैं। अल्लाह के पैग़म्बर उससे पहले भी गुज़र चुके हैं। वह मरता है या मारा जाता है तो क्या? क्या तुम लोग मुड़कर भाग जाओगे?''

—मसूदुल हसन कृत 'सिद्दीक़-ए-अकबर अबू बक्र' से

मेरी लेखिका शगुफ़्त7ा रफ़ीक़ ने मेरे दफ्तर में इस अंश को जिस तरह पढ़कर सुनाया, मेरे जड़ दृश्य को चीरकर वह उसमें समा गया। यू.जी. की मृत्यु के बाद पिछले एक साल से जो काग़ज़ी बाँध मेरे सारे दु:ख को रोके हुए था, टूट कर बह गया और मैं फूट-फूट कर रोने लगा। मेरे चेहरे पर आँसुओं की धारा बह रही थी। मैंने समझ लिया था कि अपने रसूल के बिना, उस सुरक्षा कवच और निर्भयता के बिना जो उनके स्वामी और गुरु ने उन्हें दी थी, अबू बक्र अपने आपको कितने अशक्त और अपूर्ण महसूस कर रहे होंगे। अपने आपके और सारी दुनिया के सामने मैं यह दिखावा कर रहा था कि इन तमाम महीनों में मेरे साथ सब कुछ ठीक था। लेकिन मैं काफ़ी कुछ वैसा ही महसूस कर रहा था, जैसा अबू बक्र ने किया था। यह सब पढ़कर सुनाने के लिए मेरा मन शगुफ़्ता के प्रति अपार कृतज्ञता से भर गया क्योंकि अब इस क्षण के बाद और मेरे ज़ख़्मों के भरने की प्रक्रिया शुरू हो जाएगी।

यू.जी. की मृत्यु के बाद के महीने तेज़ गतिविधियों में बीत गये। मेरे लिये सबसे आसान यह था कि काम की सरगरमी की एक जलती हुई दीवार अपने लिये खड़ी कर लूँ ताकि मेरे अंदर ख़ामोशी का जो ज्वालामुखी

उफन रहा था और मेरे सारे अस्तित्व के टुकड़े-टुकड़े कर देने का ख़तरा पैदा कर रहा था, उसकी एक हलकी फुसफुसाहट सुनने का समय भी मुझे न मिले। लम्बे समय तक मैं एक खुला बहता हुआ ज़ख़्म बना रहा। कोई छुए, मुझे गवारा नहीं था। जो हाथ मेरी मदद के लिए आगे बढ़ रहे थे, मैंने उन्हें सख़्ती से रोक दिया था। लेकिन मुझे इस बात का ज़रा भी पता नहीं था कि जिस आग से भागने की उम्मीद कर रहा था, वह मेरे अंदर ही जल रही थी। इस सारे दौर में हर रोज़ मेरे आसपास एक घिसीपिटी ज़िंदगी का क्रम चल रहा था और मेरे अंदर की तकलीफ़ से पूरी तरह अछूता था।

यू.जी. की मृत्यु के बाद महेश नाम की इमारत लड़खड़ाकर ढह गयी। यह सही है कि दैनंदिन जीवन की गतिविधियों में मैं हिस्सा ले रहा था, अपने अंदर की वीरानी को दुनिया से छिपा रहा था, लेकिन इस सचाई से भाग नहीं पा रहा था कि मैं शून्य के अंतिम छोर पर खड़ा था। मेरी चेतना के गढ़ पर मृत्यु और विनाश का आतंक थपेड़े मार रहा था। बीच रात में उठ कर बैठ जाता था। यह ख़्याल यातना देता था कि मेरा नामोनिशान भी दुनिया से मिट जाएगा। कहीं मैंने सोच रखा था कि अपने आसपास जिस छोटी सी दुनिया का मैंने निर्माण किया है, वह हमेशा इसी तरह चलती रहेगी। लेकिन और प्राणियों की तरह मैं भी इस पृथ्वी पर और अपने शरीर के अंदर कुछ देर का मेहमान हूँ, यह बोध मुझे डरा देता है। मृत्यु अब कोई ऐसा सत्य नहीं था जो सिर्फ़ औरों के साथ घटित होता है। यू.जी. की मृत्यु में मैं ख़ुद मर रहा था। जिस चीज़ ने मेरी स्थिति को और ख़राब कर दिया था, वह थी कि यू.जी. ने अपने जीवन काल में मेरे सारे भगवान नष्ट कर दिये थे, वे सारे सहारे छीन लिये थे जो इस समय मेरी मदद करते। मेरा जीवन डूबता हुआ जहाज़ था। मैं बिल्कुल अकेला था।

अपने आपके सिवा मेरा और कोई सहारा नहीं था। अंधकार में घिरा हुआ मैं यू.जी.के इन शब्दों को याद कर रहा था, ''शिष्य अगर ग्रुप के बिना चल नहीं सकता तो वह बेकार है। तुमसे बड़ा साहसी व्यक्ति मुझे जीवन में नहीं मिला। तुममें इतनी हिम्मत है कि अपने बल पर खड़े हो जाओ और अपनी ज़िंदगी बिताओ।'' मुझे ऐसा लग रहा है कि उन्होंने ग़लत कहा था। मेरे गुरु की जो आस्था मुझ पर थी, ग़लत थी।

20 अगस्त 2008। फूलों की वर्षा हो रही है। हवा में तिरते हुए सफ़ेद मख़मली फूल चक्कर काटते हुए कांक्रीट की कठोर ज़मीन पर गिर रहे हैं। मेरे स्थिर मस्तिष्क की संधियों में उनकी आवाज़ प्रवेश कर रही है। उदयपुर के देवीगढ़ प्रासाद के प्रेसिडेंशियल सुइट में अपने बिस्तर पर मैं अब भी जाग रहा हूँ। उदयपुर यानी सूर्य के उदय की नगरी। मेरी बेटी पूजा यहाँ अपनी फ़िल्म 'कजरारे' की शूटिंग कर रही है। मैं यहाँ सिर्फ़ एक दिन के लिए आया हूँ ताकि पूजा की मदद कर सकूँ। जिस ज़रूरत के लिए मुझे बुलाया गया था, पूरी हो गयी है। मैं लौटने की तैयारी कर रहा हूँ। चाँद को देख रहा हूँ। अब भी आसमान में था, मानो अपने इस स्वर्ग सुंदर स्थान को छोड़ने और जलते हुए सूरज को रास्ता देने के लिए तैयार नहीं था। रात के झींगुरों का विदा-गीत गूँज रहा है और चिड़ियों की पहली चहचहाहट हवा में तैरने लगी है।

बढ़ती उम्र वाले अपने शरीर पर मैं कपड़े पहन लेता हूँ। देखता हूँ कि बाहर की दुनिया भी यही कर रही है, रात के कपड़े उतार कर नये वस्त्र धारण कर रही है। काल के प्रारंभ से ही यही करती आयी है। यही वह घड़ी है जब रात और दिन, जीवन और मृत्यु एक ही जगह एक दूसरे के साथ खड़े होते हैं। वास्तव में मृत्यु ही सारे जीवन का स्रोत है। झरते हुए फूलों के साथ इन जादुई पलों की ख़ूबसूरती से

मुग्ध मैं बिना आवाज़ किये पेड़ के पास जाता हूँ और उसके नीचे खड़े होकर ऊपर की तरफ़ देखता हूँ। फूलों के उस आकाश को ताकता खड़ा रह जाता हूँ। शहद में डूबी हुई उस ख़ामोशी में पेड़ की ख़ुशबू को अपने अंदर भर लेता हूँ। और तब एक मूल्यवान उपहार से जैसे मेरा सत्कार करते हुए पेड़ एक फूल मेरे शरीर पर गिरा देता है। यह फूल मेरे चेहरे पर गिरता है, जैसे कोई स्नेह सिक्त मित्र मेरे गालों को सहला रहा हो। और तब मेरा पथरीला अकेलापन अचानक पिघल जाता है। मैं पेड़ के साथ, अपने आसपास की हर चीज़ के साथ एकाकार हो जाता हूँ।

मेरे अंदर यह एहसास जागता है कि मैं जीवन की उस धारा का हिस्सा हूँ जो लगातार बिना रुके बहती रहती है। मेरी अस्थिमज्जा के अंदर से मेरे गुरु का स्वर तभी फूट पड़ता है, "यू.जी. नाम की इस आग में महेश जलेगा और ख़ुद एक आग बन जाएगा और यह धारा यू.जी.नाम की आग का विस्तार नहीं होगी।" यह सही है। आग जलाकर यू.जी.ख़ुद कमरे से बाहर हो गये हैं और आग अब भी जल रही है। मुझे मालूम है कि अपने गुरु के इन शब्दों को मैं ज़रूर चरितार्थ करूँगा कि, "महेश, किसी भी चीज़ को यह आग बुझाने मत दो, अपने अंदर की प्यास को मिटाने मत दो। इसे अपने अंदर तब तक जलने दो जब तक तुम्हें जलाकर यह राख नहीं कर देती।" मेरा घर जल रहा होगा, तब भी मैं बाहर नहीं भागूँगा। मैं अंदर ही रहूँगा। आग पर और पेट्रोल डालूँगा और ख़ुद ख़ाक बन जाऊँगा।

❑❑❑